ArtSet®

Forschung
Bildung Beratung
Qualitätstestierung

Katia Tödt

Lernerorientierte Qualitätstestierung

für Bildungsveranstaltungen

Leitfaden für die Praxis

Modellversion 2

Bibliografische Information Der Deutschen Bibliothek
Die Deutsche Bibliothek verzeichnet diese Publikation in der Deutschen Nationalbibliografie; detaillierte bibliografische Daten sind im Internet über http://dnb.ddb.de abrufbar.

Testierungsstelle:

ArtSet® Qualitätstestierung GmbH
Ferdinand-Wallbrecht-Str. 17, 30163 Hannover
Tel.: 0511-90969830, Fax: 0511-90969855
www.artset-lqb.de ♦ lqb@artset.de

Urheberrechte und wissenschaftliche Begleitung:

ArtSet® Forschung, Bildung, Beratung GmbH
Ferdinand-Wallbrecht-Str. 17, 30163 Hannover
Tel.: 0511-90969830, Fax: 0511-90969855
www.artset.de ♦ kontakt@artset.de

Expressum-Verlag, Hannover 2008
Auflage: 500, September 2008
Druck: akzent-druck, Hannover
EAN-Code: 9783890690186
ISBN-13: 978-3-89069-018-6

Inhaltsverzeichnis

© ArtSet® GmbH ♦ Ferdinand-Wallbrecht-Str. 17 ♦ 30163 Hannover ♦ www.artset-lqb.de

Vorwort

Wir leben in einer Gesellschaft, die sich ständig verändert. Lebenslanges Lernen und die eigenverantwortliche Gestaltung unserer Berufs- und Lebenswege sind damit zu Grundanforderungen geworden.
Dies bedeutet für die Erwachsenen- und Weiterbildung, dass sie ihre Angebote auf breit differenzierte Zielgruppen, unterschiedlichste Lernbedürfnisse und immer neue Wissens- und Kompetenzanforderungen ausrichten muss.

Vor diesem Hintergrund ist es sinnvoll, im Rahmen von Bildungsveranstaltungen eine Qualitätsentwicklung zu betreiben, die den Lernenden in den Mittelpunkt aller Qualitätsbemühungen stellt. Nur durch eine kontinuierliche Reflexion der Lernbedürfnisse, der Ziele und der eingesetzten Mittel können im Rahmen von Bildungsveranstaltungen jeweils geeignete Lernbedingungen hergestellt werden. Und genau darauf zielt die Lernerorientierte Qualitätstestierung von Bildungsveranstaltungen (LQB®) ab.
Der vorliegende Leitfaden kann für die Planung und Qualitätsentwicklung von Bildungsveranstaltungen genutzt werden. In diesem Sinne ist LQB für alle Formen von Aus-, Fort- und Weiterbildungsveranstaltungen verwendbar und dient der Selbstevaluation. Die 10 Qualitätsbereiche, die im Teil C des Leitfadens aufgeführt sind, bilden dabei den Bezugspunkt und stellen den zentralen Kern von LQB dar.
Außerdem ist mit LQB eine externe Evaluation und Qualitätstestierung von Bildungsveranstaltungen möglich. Die Testierung ist vor allem für umfangreichere Ausbildungen, Lehrgänge oder Qualifizierungsmaßnahmen sinnvoll sowie für Bildungsveranstaltungen, die nach dem gleichen Konzept wiederholt durchgeführt werden. Diese Fremdevaluation bietet für den Bildungsanbieter wertvolle Anregungen aus der Außenperspektive und kann als Ausweis der Qualität gegenüber Kunden genutzt werden.

Qualitätsentwicklung in der Weiterbildung hat es schon immer gegeben. Jeder motivierte Mitarbeiter trachtet danach, seine Arbeit zu verbessern, wenn er auf Unzulänglichkeiten gestoßen ist. Er tut dies auch im wohlverstandenen eigenen Interesse, um sich selbst die Arbeit zu erleichtern und sie auf Dauer motivierend zu erhalten. Jede Lehrende überlegt, wenn eine Seminareinheit weniger gut gelungen ist, wie sie die nächste besser gestalten kann. Qualitätsentwicklung ist damit schon immer ein originärer und integraler Teil der Alltagsarbeit von Erwachsenenbildnern und in diesem grundlegenden Sinne keine Neuerfindung.

Der moderne Trend, alles und jeden zu zertifizieren, um die Verteilung öffentlicher Mittel zu regulieren, hat damit nichts zu tun und ist in vieler Hinsicht kontraproduktiv. Qualitätsentwicklung ist eine intern motivierte Professionalisierungsstrategie der Weiterbildung und kein Instrument staatlicher Regulierungspolitik. Qualität in der Bildung entsteht weder durch administrative Kontrollen noch durch bürokratische Formalisierungen. Qualität in der Bildung bedeutet, dass Bildungsanbieter und Lernende begründet und reflektiert tun, was sie tun.

Mit der Lernerorientierten Qualitätstestierung wurde ein praktikables und wirksames Qualitätsmanagementsystem vorgelegt, das sich aus dem Bildungsprozess heraus begründet und seinen Fokus auf die Lernenden setzt, denn um diese geht es in letzter Instanz. Alle anderen Motivationen sind wichtig, aber verglichen mit dem Ziel, das lebenslange Lernen der Menschen bestmöglich zu unterstützen, sekundär.

LQB wurde in Anlehnung an die Lernerorientierte Qualitätstestierung für Weiterbildungsorganisationen (LQW®) entwickelt.[1] LQW fokussiert auf die Qualitätsentwicklung der gesamten Weiterbildungsorganisation und ist inzwischen das am weitesten verbreitete Qualitätsmanagementsystem der Weiterbildung in Deutschland und Österreich. Die Erfahrungen mit LQW hat ArtSet® genutzt, um LQB® zu entwickeln und Bildungsanbietern eine Hilfestellung zu geben, ihre Bildungsveranstaltungen gezielt zu planen und zu verbessern.

Mit LQB liegt erstmals ein Qualitätsentwicklungssystem für einzelne Bildungsveranstaltungen vor, das – den Forderungen des wissenschaftlichen Diskurses in der Erwachsenenbildung folgend – den Lernenden ins Zentrum der Qualitätsbemühungen stellt und zugleich eine externe Testierung ermöglicht.

LQB wurde von September 2005 bis Mai 2006 im Rahmen einer Pilotphase erfolgreich erprobt und steht seitdem als Qualitätsentwicklungsinstrument zur Verfügung. Die hiermit vorliegende Modellversion 2 wurde nach endgültigem Abschluss der Forschungsphase und unter Berücksichtigung der ersten Anwendererfahrungen erstellt. Der Leitfaden wurde dabei vor allem sprachlich und im Aufbau modifiziert. Im Modell bzw. in den Qualitätsbereichen gab es keine grundlegenden inhaltlichen Veränderungen. Im Verfahren gab es Veränderungen in Bezug auf die Gültigkeit und die Aktualisierung des Testats.

Das Testierungsverfahren ist urheberrechtlich an ArtSet® gebunden. LQB wurde in diesem Zusammenhang von der Mitarbeiterin Dr. Katia Tödt verantwortet, die bei ArtSet ihren Arbeitsschwerpunkt im Themenbereich gelungener Lernprozesse und Evaluation hat.[2]

Wir versprechen uns von der Lernerorientierten Qualitätstestierung von Bildungsveranstaltungen, die Entwicklung, Durchführung und Evaluation von Bildungsangeboten durch ein systematisches Qualitätsmanagement unterstützen zu können.

Wir haben uns bemüht, den Grundsätzen der sprachlichen Gleichbehandlung der Geschlechter zu entsprechen, wo immer es ging, ohne die Lesbarkeit des Textes zu erschweren.

Prof. Dr. Rainer Zech, Juni 2008
Geschäftsführer der ArtSet® Forschung, Bildung, Beratung GmbH

---

1. vgl. dazu: Zech, Rainer (2006): Lernerorientierte Qualitätstestierung in der Weiterbildung (LQW). Leitfaden für die Praxis. Hannover: Expressum
2. Für die ausführliche wissenschaftliche Begründung von LQB siehe: Tödt, Katia (2008): Lernerorientierte Qualitätstestierung für Bildungsveranstaltungen (LQB). Grundlegung von Modell und Methode. Bielefeld: W.Bertelsmann

Teil A: Das Qualitätsentwicklungs- und -testierungs-modell LQB

1. Was ist Qualität in Bildungsveranstaltungen?

Qualität wird allgemein als Beschaffenheit, Güte oder Wert von Gegenständen oder Prozessen betrachtet und bemisst sich in Relation zu den an sie gestellten Anforderungen. Qualität ist damit keine Größe an sich, sondern steht immer im Verhältnis zu etwas anderem. Qualität ist eine perspektivenabhängige Größe, die sich an den Erwartungen derjenigen bemisst, die die Qualität bewerten. Daher ist Qualität immer Gegenstand einer diskursiven und reflexiven Auseinandersetzung. Qualität ist also eine auszuhandelnde Größe. Sie setzt sich aus objektiv messbaren Faktoren, intersubjektiven Vereinbarungen und subjektiven Vorlieben zusammen. Die Qualität eines Apfels bemisst sich z.B. an seiner Größe (objektiv messbar), an seiner Herstellung unter ökologischen Bedingungen (dass dies seine Qualität ausmacht, ist eine intersubjektive Vereinbarung) und an seinem Geschmack (ob man lieber süße oder saure Äpfel mag, ist eine Frage subjektiver Vorlieben).

Mit der Qualität in der Weiterbildung hat es noch einmal eine besondere Bewandtnis. Hier hängt die Qualität von Bildung immer an dem Nutzen, den ein sich bildendes Individuum im Sinne der Erweiterung seiner Handlungsfähigkeit zur Bewältigung seiner Aufgaben, zur Realisierung seiner Bedürfnisse und Wünsche, also zur Steigerung der Lebensqualität, hat. Die schlussendliche Qualität des Lernergebnisses – im Sinne von Wert, Nützlichkeit, Bedeutung und Können – kann nur der Lernende selbst »ermessen«; nur er erkennt den Sinn des Gelernten in seiner Lebenspraxis.
Jemand, der sich bildet, steigert nicht nur seine Kenntnisse, Fähigkeiten und Fertigkeiten, sondern entwickelt sich im Bildungsprozess auch als Persönlichkeit. Schließlich führt eine gelungene Bildung zu einer Verbesserung der sozialen Integration des Individuums. Dies ist eine sehr umfassende Definition von Bildung. Selbstverständlich muss es in der Praxis nicht immer zur vollumfänglichen Realisierung dieses Anspruchs kommen, sondern es kann vielerlei Abstufungen geben. Eins ist jedoch gewiss: Bildung ist ein durch und durch reflexives »Gut«. Es wird nicht hergestellt wie ein Werkstück, sondern dadurch, dass ein Lernender in der praktischen und theoretischen Auseinandersetzung mit seinen Lerngegenständen sein Weltverhältnis verändert und seine Handlungsfähigkeit erweitert.
Daher ist in der Weiterbildung eine Unterscheidung angebracht: Die Unterscheidung zwischen der »Qualität der Bildung« und der »Qualität der Organisation der Bedingungen von Bildung«, denn Weiterbildungsanbieter schaffen nur die Bedingungen dafür, dass die Lernenden sich bilden können. Lernen ist und bleibt ein selbstgesteuerter Prozess der Lernenden.
Damit in einer Aus-, Fort- oder Weiterbildungsveranstaltung das Lernen denkbar optimal ermöglicht werden kann, ist es unerlässlich, dass die Planung und

Qualitätsentwicklung unter dem Fokus einer Definition gelungenen Lernens gestaltet und reflexiv begründet wird.

> → Weitere Erläuterungen zum Lernen finden Sie in Kapitel 10.

Darüber hinaus hat Qualität in der Bildung eine ethische Dimension. Wenn die Lernenden in den Mittelpunkt der Qualitätsentwicklung gestellt werden, dann muss man berücksichtigen, dass man es mit Individuen zu tun hat, die durchweg auch Brüche und Widersprüche in ihren Lernbiografien zu verarbeiten hatten. Vor allem, wenn es um berufliche und betriebliche Verwertungszusammenhänge geht, ist Bildungsqualität ethisch nicht neutral. Hier können sich Ansprüche der auftraggebenden Institutionen und individuelle Ansprüche der lernenden Subjekte durchaus widersprechen. Qualitätsentwicklung muss die unterschiedlichen Zielsetzungen, die mit einer Bildungsveranstaltung verbunden werden, bewusst reflektieren. Formalisierungen können in diesem Feld kontraproduktiv wirken, weil sie verhindern, sich auf die Einzigartigkeit und Besonderheit von Menschen und Situationen einzustellen.

Die Verbesserung der Qualität einer Bildungsveranstaltung kann mithin nur über die Steigerung von Reflexivität geschehen. Formalisierungen von Abläufen und Prozessen steigern nicht unbedingt die Qualität; sie können, wenn sie schematisch und unreflektiert eingeführt werden, auch behindern. Formalisierungen ergeben nur dann Sinn, wenn die Einrichtung begründen kann, warum dieses oder jenes in dieser oder jener Art formalisiert wurde und welcher Nutzen für die Lernenden daraus erwächst. Das technokratische Abarbeiten von Schemata oder Check-Listen ist in der Qualitätsentwicklung von Bildungsanbietern kontraproduktiv.

LQB setzt deshalb, den Prinzipien von LQW folgend, auf Reflexivität vor Formalität. Wichtig ist, dass der Bildungsanbieter herausarbeitet, warum ein bestimmter Prozess in welcher Weise die Bedingungen für gelungenes Lernen der Teilnehmenden verbessert. Hierfür ist eine Verständigung über pädagogische Leitziele notwendig. Wenn dies klar ist, dann kann man auch entscheiden, ob eine Formalisierung diesem Prozess förderlich ist oder ob sie die Qualität sogar einschränkt. Qualitätsentwicklung in Bildungsveranstaltungen generell mit der Formalisierung von Prozessen zu verwechseln, ist ein Missverständnis.

Die Qualität in einer Bildungsveranstaltung zeigt sich u.a. darin, dass

- Ziele der Bildungsveranstaltung eindeutig definiert sind.
- Verfahren und Methoden auf diese Ziele hin begründet sind.
- Ergebnisse bewertet und Schlussfolgerungen und Konsequenzen gezogen werden.
- die Lerninteressen der Teilnehmenden systematisch berücksichtigt werden.

2. Was ist das Besondere an LQB?

Bildung ist ein besonderes »Produkt«, denn man kann sie nicht verkaufen und nicht kaufen. Bilden kann sich jedes Individuum nur selbst! Bildungsanbieter können den Bildungsprozess allerdings durch ihre Dienstleistungen maßgeblich unterstützen. Für das Ergebnis des Bildungsprozesses, den Lernerfolg, sind aber die Lernenden in einem besonderen Maße selbst verantwortlich; die Bildungsorganisationen gestalten hierfür den Ermöglichungsraum.

➢ Weil dies so ist, muss die Planung und Qualitätsentwicklung von Bildungsveranstaltungen sich aus dem Bildungsprozess heraus begründen.

Die **Lernerorientierte Qualitätstestierung für Bildungsveranstaltungen...**

1. ist ein Qualitätsentwicklungsmodell für Bildungsveranstaltungen, bei dem die Lernenden systematisch im Mittelpunkt stehen.
   ➢ Das heißt: Die gesamte Planung und Organisation der Bildungsveranstaltung wird auf die Lernenden ausgerichtet.

2. ist ein Qualitätsentwicklungsverfahren mit der Möglichkeit zu externer Testierung.
   ➢ Das heißt: Der Bildungsanbieter kann die Qualität der Gesamtkonzeption seiner Bildungsveranstaltung von einer unabhängigen, neutralen Stelle überprüfen und bestätigen lassen.

3. ist ein Leitfaden für die Planung aller Teilprozesse einer Bildungsveranstaltung.
   ➢ Das heißt: Jeder, der sich mit der Konzeption von Bildungsveranstaltungen beschäftigt, kann den Leitfaden als Arbeitshilfe für seine Praxis nutzen, auch ohne sich für eine Testierung anzumelden.

4. folgt in ihren Grundannahmen sowie im Aufbau der Qualitätsbereiche und des Testierungsverfahrens der Lernerorientierten Qualitätstestierung für Weiterbildungsorganisationen (LQW).
   ➢ Das heißt: LQB knüpft an ein verbreitetes und anerkanntes Qualitätsmanagementsystem an. Das im Rahmen von LQW erprobte und bewährte Vorgehen kann hier im kleineren Rahmen, auf der Ebene von Aus-, Fort- oder Weiterbildungskonzeptionen, angewendet werden. Die Nutzer von LQB sind auf diese Weise Teil einer Qualitätsgemeinschaft im Bildungsbereich. LQB ist genauso wie LQW wissenschaftlich begründet und erprobt.

Auf der Ebene von Bildungsveranstaltungen bzw. von Aus-, Fort- und Weiterbildungsangeboten ist LQB bislang das einzige Qualitätsentwicklungsmodell und -verfahren, das den Lernenden systematisch ins Zentrum der Planung und Qualitätsentwicklung einer Bildungsveranstaltung stellt und zugleich die Möglichkeit bietet, die Qualität von Lehrgängen, Aus- oder Fortbildungsangeboten unter die Lupe zu nehmen und zu testieren, ohne dass sich gleich die Gesamtorganisation einem Qualitätsprozess unterziehen muss.

LQB kann von jedem Bildungsanbieter der Erwachsenen-, Weiter- und Ausbildung angewendet werden, egal aus welchem Bereich der allgemeinen, beruflichen, betrieblichen, kulturellen, politischen, gewerkschaftlichen, ökologischen oder konfessionellen Bildung er kommt. Als Planungshilfe oder Leitfaden für die Qualitätsentwicklung ist LQB für jede Art von Bildungsveranstaltungen nutzbar. Für eine Testierung bieten sich hingegen eher längerfristige Lehrgänge bzw. Aus- und Fortbildungen an, die mehrfach durchgeführt werden, so dass eine systematische und vollständige Beschreibung von Prozessen sich lohnt und die sich aus der Qualitätsentwicklung ergebenden Lerneffekte im nächsten Durchgang umgesetzt werden können.

3.   Nach welchen Prinzipien funktioniert LQB?

LQB unterstützt seine Anwenderinnen und Anwender, das gesamte organisatorische und pädagogische Handeln im Rahmen einer Bildungsveranstaltung aufeinander abgestimmt und reflektiert zu gestalten.

- Die erforderlichen Qualitätsstandards werden dabei nicht von außen vorgegeben. Vielmehr besteht der Anspruch, eigene Kriterien zu formulieren und in Bezug auf die eigenen Ziele und Vorstellungen von gelungenem Lernen zu begründen.
  - ➢ Das heißt: Die Anforderungen des LQB-Modells machen keine inhaltlichen Vorgaben, sondern legen fest, für welche Aspekte einer Bildungsveranstaltung eigene Qualitätskriterien zu finden sind. Dies ist wichtig, weil die Angemessenheit von Lernbedingungen je nach Zielen, Zielgruppen, Inhalten und Kontexten einer Bildungsveranstaltung sehr unterschiedlich kann.

- LQB ist ein Modell zur Selbstevaluation.
  - ➢ Das heißt: Anhand der durch das Modell vorgegebenen Qualitätsbereiche können Bildungsanbieter ihre eigenen Vorgehensweisen und Verfahren planen, reflektieren, bewerten und überarbeiten.

- Durch einen schriftlichen Selbstreport wird die Selbstevaluation dokumentiert.
  - ➢ Das heißt: Indem der Bildungsanbieter anhand der durch LQB definierten Anforderungen das eigene Handeln schriftlich erläutert, wird dieser Selbstevaluation ein verbindlicher Rahmen gegeben. Das schriftliche Formulieren unterstützt Selbstvergewisserung und Transparenz.

- Die Testierung beruht auf einer Fremdevaluation im Rahmen einer unabhängigen Begutachtung. Dabei verbindet die Begutachtung die Aspekte der Prüfung und Beratung.
  - ➢ Das heißt: Indem der Selbstreport durch einen unabhängigen Gutachter/eine unabhängige Gutachterin begutachtet wird, wird der Selbsteinschätzung eine Fremdeinschätzung gegenübergestellt. Dabei wird zum einen die Erfüllung der im Rahmen von LQB für die einzelnen Qualitätsbereiche gesetzten Anforderungen abgeprüft und gegebenenfalls werden Auflagen formuliert. Zum anderen bringt der Gutachter seine Außenperspektive in Form von Anregungen, Fragen, Kommentaren ein, die der Bildungsanbieter in seiner Weise für sich nutzen kann.

4. Welchen Nutzen bietet LQB?

LQB dient als roter Faden, um die Professionalität des eigenen pädagogischen Handelns im Rahmen einer Bildungsveranstaltung zu reflektieren und zu steigern.

- Die Auseinandersetzung mit der Definition gelungenen Lernens bewirkt eine Zunahme der pädagogischen Professionalität.
  - ➢ Das heißt: Das pädagogische Selbstverständnis der an der Bildungsveranstaltung beteiligten Pädagogen wird vertieft und verdeutlicht.

- Die Bildungsarbeit orientiert sich stärker an den Bedürfnissen der Lernenden.
  - ➢ Das heißt: Die Lernerfolge der Teilnehmenden werden verbessert.

- Ziele, Qualitätskriterien und Erfolgsindikatoren werden diskutiert und in ihrer Umsetzung überprüft.
  - ➢ Das heißt: Das Handeln der Beteiligten ist an gemeinsamen Zielen orientiert.

- Die Evaluation gibt Auskunft über Erfolge, die im Rahmen der Bildungsveranstaltung erreicht wurden und führt zum Erkennen von Entwicklungspotenzialen in der Gestaltung der Bildungsveranstaltung.
  - ➢ Das heißt: Der Nutzen der Bildungsveranstaltung wird deutlich, Innovationen und Veränderungen werden erleichtert.

- Durch die Erstellung des Selbsreports wird oftmals nur informell gewusstes Wissen verschriftlicht.
  - ➢ Das heißt: Die Prozesssicherheit und Transparenz der internen Abläufe und Planungsprozesse werden erhöht.

- Der Überblick über die verschiedenen Aufgaben systematisiert und verbessert die Zusammenarbeit.
  - ➢ Das heißt: Das wechselseitige Verständnis für die Arbeit der Anderen wächst.

- Die gemeinsame Auseinandersetzung mit Fragen der Qualitätsentwicklung fördert die Selbstreflexion und lässt die Wertigkeit der eigenen Arbeit erkennen.
  - ➢ Das heißt: Die Arbeitsmotivation wird gestärkt.

- Die für eine Bildungsveranstaltung vorgenommenen Systematisierungen und Konzepte können übertragen und auch für andere Bildungsveranstaltungen des Bildungsanbieters nutzbringend eingesetzt werden.
  - ➢ Das heißt: Es ergeben sich Synergieeffekte, die die Professionalität des Bildungsanbieters auch in anderen Bereichen erhöhen.

- Das Gutachten liefert eine Rückspiegelung aus der Außenperspektive.
  - ➢ Das heißt: Der Bildungsanbieter erhält konkrete Hinweise auf Stärken und Entwicklungsmöglichkeiten.

- Das Testat (wie auch der Selbstreport und das Gutachten) stellen eine Möglichkeit dar, die Qualität der Bildungsveranstaltung gegenüber Kunden,

Kooperationspartnern, Auftraggebern und potenziellen Teilnehmenden auszuweisen.

➢ Die Anerkennung der Bildungsveranstaltung steigt.

5. Wie ist LQB aufgebaut?

Bildung als »Branche« und Lernen als »Produkt« zeichnen sich im Vergleich zu anderen Branchen und Produkten durch eine Besonderheit aus. Diese besteht darin, dass das »Endprodukt«, d.h. der Lernerfolg, gar nicht vom Bildungsanbieter hergestellt werden kann, sondern der Abnehmer – sprich der Lernende selbst – muss es in Eigenaktivität erarbeiten. Weiterbildungsanbieter stellen nur die Bedingungen der Möglichkeit von Bildung bereit. Ob Bildung dann tatsächlich stattfindet, liegt letztendlich nicht in ihrer Hand. LQB ist daher ein Instrument, welches die Anwender dabei unterstützt, die Qualität der Ermöglichungsbedingungen von Lernen in ihrer Bildungsveranstaltung zu verbessern.

LQB hat daher folgende Prämissen:

1. Der Lernende steht im Mittelpunkt aller Qualitätsbemühungen. Auf ihn ist die Konzeption und Qualitätsentwicklung der Bildungsveranstaltung und mithin das Testierungsverfahren ausgerichtet.

2. Informationen aus der Umwelt geben ständig Anstoß, das Vorgehen im Rahmen der Bildungsveranstaltung zu reflektieren und zu verbessern. LQB fordert dazu auf, das Konzept der Bildungsveranstaltung immer wieder an sich verändernde Umweltanforderungen und Lerninteressen der Teilnehmenden anzupassen.

3. LQB berücksichtigt, dass Bildung ein reflexives »Erfahrungsgut« ist und die Verbesserung der organisationalen Bildungsbedingungen daher auch ein reflexiver Prozess sein muss. Qualitätsverbesserung in der Bildungsbranche kann nicht durch technokratische Formalisierungen gefördert werden.

4. Das Modell ist für alle Typen von Bildungsveranstaltungen anwendbar. Die Testierung ist insbesondere für langfristige und sich wiederholende Ausbildungen, Lehrgänge oder Qualifizierungsmaßnahmen sinnvoll.

5. Die Testierung nach LQB ist nicht nur ein Prüfverfahren. Neben der externen Prüfung der Qualität anhand der Qualitätsanforderungen werden durch umfangreiche Kommentare und Anregungen im Gutachten Impulse für Reflexions- und Verbesserungsprozesse gegeben.

Das LQB-Modell beschreibt den Gesamtprozess einer Bildungsveranstaltung in zehn Qualitätsbereichen. Die Qualitätsbereiche umfassen alle Schritte, die bei der Planung und Entwicklung einer Bildungsveranstaltung zu berücksichtigen sind:

1. Selbstverständnis des Anbieters
2. Kundenkommunikation/Kundenorientierung
3. Bedarfserschließung/Zielgruppenbedürfnisse
4. Definition gelungenen Lernens
5. Ziele
6. Inhaltliche Konzeption
7. Qualität der Lehrenden
8. Infrastruktur
9. Evaluation
10. Finanzielle Planung/Controlling

Das **Selbstverständnis** des Anbieters stellt einen Bezug zu den Zielen, Werten, der Identität, den Leistungen, Fähigkeiten, Kundengruppen des Bildungsanbieters her und verweist damit auf den Rahmen der Bildungsveranstaltung. Durch Verfahren der **Kundenkommunikation** soll die Kundengewinnung, Kundenpflege und Kundeninformation systematisiert werden. Nur wenn potenzielle Teilnehmende und relevante Partner erreicht und gewonnen werden können, kann eine Bildungsveranstaltung überhaupt realisiert werden. Im Rahmen der **Bedarfserschließung** wird die **Zielgruppe** definiert und ihre Bildungsbedürfnisse werden sichtbar. So sind mit den ersten drei Qualitätsbereichen grundlegende Rahmenbedingungen für die inhaltliche Planung der Bildungsveranstaltung beschrieben. Eine **Definition gelungenen Lernens**, welche dem Selbstverständnis des Bildungsanbieters entspricht und zur definierten Zielgruppe passt, ist die Basis aller weiteren Planungen. Weiter werden **Ziele** für die Bildungsveranstaltung festgelegt. Auf dieser Basis kann die konkrete **inhaltliche Konzeption** der Bildungsveranstaltung beginnen. Dabei werden im Detail Inhalte, didaktische und methodische Vorgehensweisen sowie die Lehrmaterialien etc. geplant. Aus der Konzeption lassen sich Qualitätsanforderungen in Bezug auf Kompetenzen und Qualifikationen der **Lehrenden** und in Bezug auf **infrastrukturelle Rahmenbedingungen** für das Lernen ableiten. Auf der Basis eines Konzeptes für die **Evaluation** der Bildungsveranstaltung können Erfolge auf allen Ebenen der Bildungsveranstaltung erhoben werden und es können entsprechende Konsequenzen gezogen werden. Durch die **finanzielle Planung** wird die Wirtschaftlichkeit der bisherigen Planungen geprüft und gesichert.

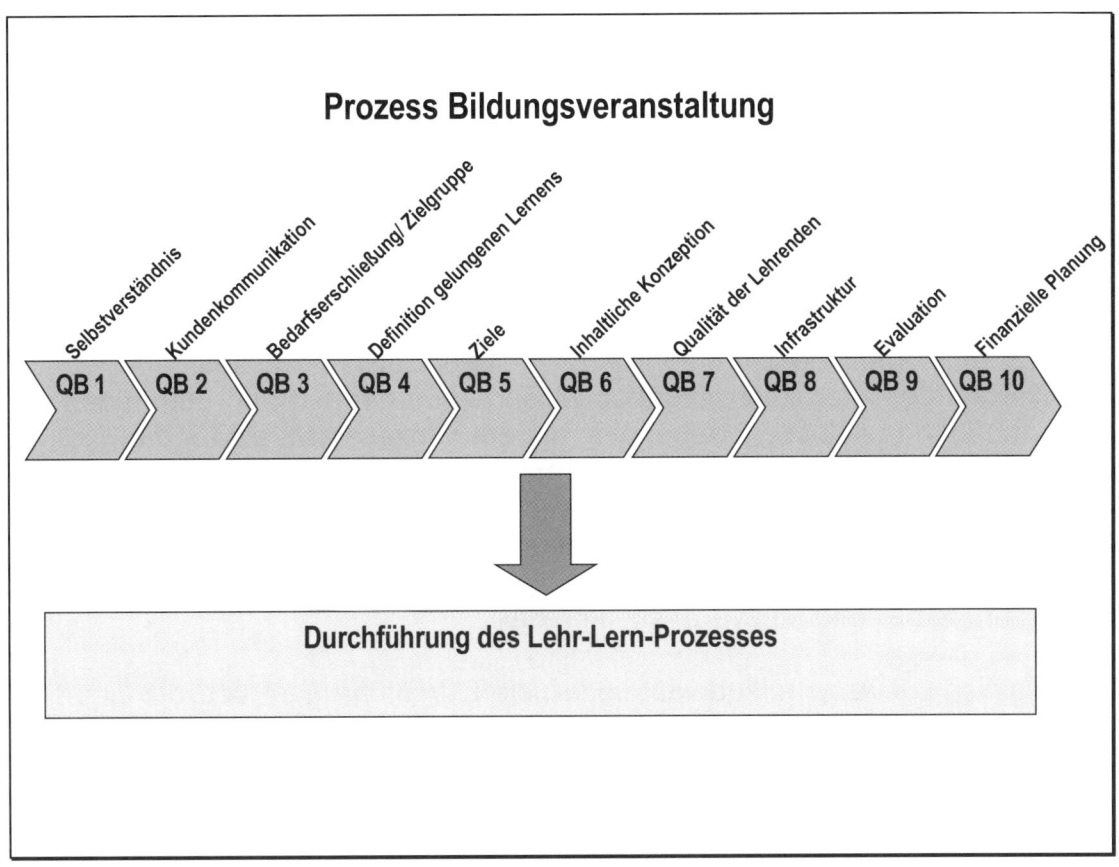

Die dargestellte Prozesskette ist als logisches Modell zur Strukturierung der Planung der Bildungsveranstaltung zu verstehen. Die Qualitätsbereiche sind dabei keine abgeschlossenen Einheiten, die zwingend in der dargestellten Reihenfolge geplant werden müssen. Es wird immer wieder Schnittstellen und Rückbezüge zwischen den einzelnen Bereichen geben. Oft sind in den vorhergehenden Qualitätsbereichen allerdings schon wichtige Informationen für die Planung der nachfolgenden zu Grunde gelegt. So leiten sich z.B. die Ziele der Bildungsveranstaltung aus dem Selbstverständnis des Anbieters, den Ergebnissen der Bedarfserschließung, der Zielgruppe und der Definition gelungenen Lernens ab. Ein Konzept für die Evaluation lässt sich z.B. am besten dann entwickeln, wenn alle Aspekte der Durchführung der Bildungsveranstaltung geplant sind.

Die Qualitätsbereiche bilden insgesamt alle Prozessschritte im Rahmen der Konzeption einer Bildungsveranstaltung ab. Die Qualität dieses Gesamtkonzeptes ist der Untersuchungsfokus von LQB. Es geht darum, dass die Kontextbedingungen für das Lernen aufeinander abgestimmt und zuverlässig gesichert sind, d.h. mit gleich bleibender Qualität bereitgestellt werden können. Die Definition gelungenen Lernens ist dabei der entscheidende Fokus. **LQB richtet sich damit auf die Angebotsqualität der Bildungsveranstaltung.**

Die über die Prozesskette abgebildeten Planungsaufgaben liegen allesamt vor der Durchführung der Bildungsveranstaltung. Auch ein Konzept für die Evaluation muss in der Planungsphase entwickelt werden, damit es während und nach der Durchführung eingesetzt werden kann. Die Evaluation der Lehr-Lern-Interaktion und der Lernerfolge ist ein wichtiger Aspekt von Qualitätsentwicklung, wird aber im Modell, da es um die Angebotsqualität geht, wie alle anderen Qualitätsbereiche auch auf einer konzeptionellen Ebene behandelt. Es geht dabei um die Frage eines systematischen und im Hinblick auf das Lernverständnis, die Ziele, die Inhalte und die Zielgruppe begründeten Evaluationsverfahrens.

Alle Planungsschritte und Qualitätsmaßnahmen im Rahmen der Bildungsveranstaltung zielen auf die Durchführung des Lehr-Lern-Prozesses, also auf die Realisierung der Interaktionssituation zwischen Lernenden und Lehrenden. Für die Durchführung selbst gilt dabei eine andere Prozesslogik als für die Planung. Die geplanten Verfahren, Konzepte und Vorgehensweisen kommen in der Durchführung oft gleichzeitig zum Einsatz. So sind z.B. im gesamten Verlauf des Lehr-Lern-Prozesses immer wieder evaluative Elemente enthalten. Insgesamt stellen die geplanten Verfahren die Bedingung der Möglichkeit für die Durchführung der Bildungsveranstaltung dar.

Im Vergleich zur Angebotsqualität liegen die Durchführungs- und die Ergebnisqualität von Bildungsveranstaltungen auf einer anderen Ebene. Da sie unmittelbar von der Interaktion im Lehr-Lern-Prozess abhängen, sind die Durchführungs- und die Ergebnisqualität sehr variable Größen. Das Gelingen des Lernens kann man selbst bei bester Vorbereitung zwar wahrscheinlicher werden lassen, aber niemals garantieren. Viele situationsabhängige Faktoren spielen in das Gelingen des konkreten Lehr-Lern-Prozesses hinein. Das wird z.B. deutlich, wenn man sich überlegt, von wie vielen von außen nicht-steuerbaren Faktoren die Konzentrationsfähigkeit eines Lernenden abhängt (Müdigkeit, Sorge, Ärger, Freude, Neugier, Energie usw.). Auch das Verhalten des Lehrenden wird von situativen und persönlichen Aspekten geprägt und ist ein nicht determinierbarer Einflussfaktor. Selbst bei den besten Rahmenbedingungen wissen wir nicht, ob ein Teilnehmer oder eine Teilnehmerin diese für sich nutzen wird. Auch wenn der Lehr-Lern-Prozess also nicht standardisierbar ist, scheint es plausibel zu sagen:
Bei einer guten Qualität des Bildungsangebotes ist es im Vergleich zu einer schlechten Qualität wahrscheinlicher, dass das Lernen erfolgreich verläuft. In einer Bildungsveranstaltung ist nicht der Verlauf des Lehr-Lern-Prozesses, wohl aber die Qualität der Bedingungen des Lernens zuverlässig steuerbar.

Die Qualität der Bedingungen des Lernens hängt entscheidend davon ab, in wie weit Ziele, Methoden und Verfahren aufeinander und auf den Kontext abgestimmt sind und insgesamt ein stimmiges Bild ergeben. Reflexivität, welche die einzelnen Aufgaben und Bestandteile eines Bildungsangebotes miteinander in Beziehung setzt und im Verhältnis zueinander begründet, ist daher ein wesentlicher Aspekt von Qualität.
Die in den Qualitätsbereichen formulierten Anforderungen zielen darauf, Anbieter von Bildungsveranstaltungen in der Reflexion und Begründung des eigenen Handelns anzuleiten.

LQB soll die Anbieter einer Bildungsveranstaltung unterstützen, im gesamten Verlauf des Prozesses Informationen systematisch zu erheben und auf dieser Basis begründete Entscheidungen für die Gestaltung von Inhalt und Verfahren zu treffen. Durch eine kontinuierliche Einbeziehung der Umwelt wird es wahrscheinlicher, dass die Bildungsveranstaltung an die Perspektive der Lernenden anschlussfähig ist.

6.   Was ist der Nutzen der Testierung?

LQB kann als Leitfaden für die Konzeption eines neuen Bildungsangebots genutzt werden oder auch, um eine schon bestehende, bereits mehrfach durchgeführte Bildungsveranstaltung in systematischer Form zu reflektieren und in ihrer Qualität weiter zu entwickeln.
Die Reflexion und Verbesserung der Konzeption einer Bildungsveranstaltung ist ein kontinuierlicher Prozess. Erfahrungen, Evaluationsergebnisse, neue Informationen in Bezug auf Bildungsbedarfe und Lernbedürfnisse sind die Basis, um die Konzeption zu überprüfen, anzupassen und anzureichern.

Neben der Nutzung von LQB als Arbeitshilfe für die Qualitätsentwicklung ist es möglich, eine Bildungsveranstaltung anhand der Anforderungen von LQB testieren zu lassen.

Die Testierung bietet folgenden Nutzen:
- Die Anmeldung zu Testierung schafft Verbindlichkeit in der Qualitätsentwicklung.
  - ➤ Das heißt: Für die Testierung muss ein Bildungsanbieter einen schriftlichen Selbstreport erstellen und darin Aussagen zu allen LQB-Anforderungen treffen. Zu Beginn des Testierungsprozesses wird ein Termin vereinbart, bis wann der Selbstreport fertig gestellt ist. So wird sichergestellt, dass die Qualitätsentwicklung nicht wegen anderer wichtiger Aufgaben immer wieder verschoben oder vergessen wird.

- Die Begutachtung bietet eine Rückspiegelung aus der Außenperspektive.
  - ➤ Das heißt: Ein professioneller fremder Blick eines Gutachters oder einer Gutachterin auf die eigenen Handlungsroutinen ermöglicht eine neue Perspektive. So können neue Entwicklungspotenziale und Handlungsmöglichkeiten entdeckt werden.

- Durch das Testat kann die Qualität der Bildungsveranstaltung nach außen dargestellt werden.
  - ➤ Das heißt: Eine unabhängige Stelle hat die Qualität der Bildungsveranstaltung geprüft. Dies wird durch eine Testatsurkunde und ein digitales Testats-Logo bescheinigt. Damit kann das Marketing für die Bildungsveranstaltung unterstützt werden.

Als Planungshilfe oder Leitfaden für die Qualitätsentwicklung ist LQB für jede Art von Bildungsveranstaltungen nutzbar. Für eine Testierung bieten sich hingegen eher längerfristige Lehrgänge bzw. Aus- und Fortbildungen an, die mehrfach durchgeführt werden. Eine vollständige Beschreibung von Prozessen lohnt sich aber in jedem Fall, weil die sich aus der Qualitätsentwicklung ergebenden Systematisierungen und Lerneffekte im nächsten Durchgang der Bildungsveranstaltung genutzt werden können.

7.   In welchen Schritten verläuft der Qualitätsprozess?

Auf dem Weg zur Testierung liegen folgende Schritte:

- das Einführungsgespräch
  - ➢ Nach der Anmeldung zur Testierung findet ein Informationsgespräch statt, in dem Fragen zum Inhalt und Verfahren von LQB geklärt werden können (weitere Erläuterungen vgl. Kap. 9).

- die interne Evaluation und das Erstellen des Selbstreports
  - ➢ Dies ist der Prozess der Selbstreflexion des eigenen Handelns und der Durchführung von Qualitätsentwicklungsmaßnahmen. Am Ende steht ein schriftlicher Selbstreport, in dem für jeden Qualitätsbereich die Erfüllung der Anforderungen beschrieben ist und die eigenen Verfahren begründet werden (weitere Erläuterungen vgl. Kap. 11).

- die Begutachtung
  - ➢ Auf der Basis des Selbstreports wird ein ausführliches schriftliches Gutachten erstellt. Im Gutachten wird geprüft, in welcher Form die Anforderungen des LQB-Modells erfüllt sind. Ggf. werden Auflagen erteilt. Außerdem erhält das Gutachten einen Beratungsteil mit Kommentaren und Anregungen des bzw. der Gutachtenden.

- das Rückmeldegespräch
  - ➢ Nach Erhalt des Gutachtens findet ein Rückmeldegespräch statt. Hier besteht die Möglichkeit, das Gutachten mit der Gutachterin zu diskutieren. Darüber hinaus prüft die Gutachterin die Nachweise für die im Selbstreport beschriebenen Verfahren und ggf. die Erfüllung der Auflagen (weitere Erläuterungen vgl. Kap. 12).

- Erteilung des Testats
  - ➢ Wenn alle Anforderungen von LQB durch den Bildungsanbieter erfüllt wurden, erhält er ein Testat für die evaluierte Bildungsveranstaltung sowie ein digitales Testats-Logo, welches er für Werbezwecke nutzen kann (weitere Erläuterungen vgl. Kap. 13). Das Testat gilt im Prinzip dauerhaft, unter der Voraussetzung, dass es alle zwei Jahre aktualisiert wird.

Um die Qualitätsentwicklung als kontinuierlichen Prozess zu gestalten und um aktuellen Veränderungen im Konzept der Bildungsveranstaltung gerecht zu werden, ist vorgesehen, dass der Bildungsanbieter nach zwei Jahren einen Veränderungsreport einreicht, in dem er Innovationen und Modifikationen in der Bildungsveranstaltung beschreibt, reflektiert und bewertet. Auf der Grundlage dieses Veränderungsreports aktualisiert die Testierungsstelle das Testat. Die Aktualisierung gilt wieder für einen Zeitraum von zwei Jahren. (Weitere Erläuterungen vgl. Kap. 14)

8.   Wie sieht das administrative Verfahren aus?

LQB kann von jedem Bildungsanbieter der Aus-, Fort- und Weiterbildung angewendet werden. LQB ist offen für alle Bildungsorganisationen der Branche.
Die **Geschäftsbedingungen** für die Testierung inklusive der aktuellen Kosten
sind auf der Website (www.artset-lqb.de) veröffentlicht und können ausgedruckt
werden.

Die **Anmeldung** zur Lernerorientierten Qualitätstestierung erfolgt mittels eines
Anmeldeformulars, das ebenfalls auf der Internetseite zur Verfügung steht. Mit
ihrer Anmeldung zur Testierung und der Bestätigung der Anmeldung durch die
ArtSet® Qualitätstestierung GmbH gehen die Bildungsanbieter einen privat-
rechtlichen Vertrag ein. Ein Rechtsanspruch auf Testierung besteht nicht.
Die Anmeldung kann nur schriftlich per Brief oder Fax erfolgen. Formlose Anmeldungen und Anmeldungen per E-Mail können nicht berücksichtigt werden.
Nach Eingang der Anmeldung erhält der jeweilige Bildungsanbieter in der Regel
innerhalb von einer Woche eine Teilnahmebestätigung mit Informationen zu
den Testierungsbedingungen, den »LQB-Leitfaden für die Praxis« mit den zu
bearbeitenden 10 Qualitätsbereichen und deren (Mindest-)Anforderungen.

Folgende **Kernleistungen** sind in den Testierungskosten enthalten:
*   ein LQB-Leitfaden für die Praxis,
*   ein Einführungsgespräch, das telefonisch oder bei ArtSet stattfindet,
*   die Begutachtung des Selbstreports durch eine/n unabhängige/n, von der
    Testierungsstelle ArtSet benannte/n Gutachtende/n in Form eines umfang-
    reichen, schriftlichen Gutachtens,
*   ein Rückmeldegespräch mit dem Gutachter/der Gutachterin in den Räumen
    des Bildungsanbieters,
*   ein von der ArtSet® Qualitätstestierung GmbH ausgestelltes Testat, mit dem
    die erfolgreiche Testierung bestätigt wird und das den Bildungsanbieter be-
    rechtigt, das entsprechende Qualitätssiegel zu führen,
*   ein LQB-Logo als Grafik für das Marketing.

Zusätzlich werden folgende **Serviceleistungen** von der Testierungsstelle zur
Verfügung gestellt:
*   eine Hotline zur kurzfristigen Klärung im Prozess auftauchender Fragen
    (Telefon und E-Mail),
*   eine Auflistung der zur Testierung angemeldeten und der testierten
    Bildungsanbieter auf der Internetseite bietet die Möglichkeit zu Vernetzung
    und wechselseitiger Unterstützung.

Ein **Rücktritt** von der Testierung ist bis zu 4 Wochen nach Datum der Teilnahmebestätigung kostenfrei möglich, sofern bis zu diesem Zeitpunkt noch keine
Leistungen in Anspruch genommen worden sind. Die Konditionen für einen
späteren Rücktritt sind in den Geschäftsbedingungen geregelt.

Die bei der Testierungsstelle eingereichten Selbstreporte unterliegen dem
Datenschutz und werden nicht an Dritte weitergegeben, mit Ausnahme der

Personen, welche die Begutachtung vornehmen. Alle Gutachterinnen und Gutachter unterliegen den Datenschutzbedingungen.

Die Begutachtung wird durch **speziell ausgebildete und unabhängige Gutachterinnen und Gutachter** durchgeführt. Die Akkreditierung und die Zuordnung der Gutachterinnen und Gutachter erfolgt durch ArtSet. Der Bildungsanbieter hat das Recht, den zugewiesenen Gutachter bzw. die zugewiesene Gutachterin innerhalb einer Woche nach Bekanntgabe begründet abzulehnen.

Für den Fall, dass die im Gutachten genannten und für die Testierung erforderlichen Auflagen im Rahmen des Rückmeldegespräches nicht erfüllt werden können, kann innerhalb von maximal sechs Monaten ein **überarbeiteter Selbstreport** zur erneuten Begutachtung abgegeben werden. Für diese erneute Begutachtung fallen zusätzliche Testierungskosten an; die Begutachtung wird von der Person vorgenommen, die bereits das erste Gutachten geschrieben hat.

Gegen das Ergebnis der Testierung kann **Widerspruch** erhoben werden. Zur Eröffnung eines Widerspruchverfahrens ist eine schriftliche Begründung des Bildungsanbieters erforderlich. Darauf erhält der Bildungsanbieter eine Stellungnahme der Testierungsstelle. Sollte hier keine Einigung erfolgen, besteht die Möglichkeit, dass der Selbstreport erneut durch einen unabhängigen Gutachter begutachtet wird. Wenn diese Begutachtung zu einem anderen Ergebnis als die erste Begutachtung kommt, werden die anfallenden Kosten von der Testierungsstelle getragen; wenn diese Begutachtung zu dem gleichen Ergebnis wie die erste Begutachtung kommt, gehen die anfallenden Kosten zu Lasten des Bildungsanbieters.

Nach der Anmeldung kann der Bildungsanbieter einen **Termin für das 1-2 stündige Einführungsgespräch** vereinbart werden. Hierfür ist es hilfreich, wenn der Testierungsstelle zwei bis drei alternative Terminvorschläge benannt werden. In der Regel gelingt es der Testierungsstelle, für einen der vorgeschlagenen Termine einen erfahrenen Gutachter/Berater für das Einführungsgespräch zu finden; im Einzelfall muss auf einen anderen Termin ausgewichen werden. Dieses Vorgehen gewährleistet, dass das Einführungsgespräch in die Terminplanung des jeweiligen Bildungsanbieters am besten integriert werden kann. Die für das Gespräch eingesetzten Personen sind immer akkreditierte Gutachterinnen und Gutachter.

Beim Einführungsgespräch wird ein Termin für die Abgabe des Selbstreports vereinbart. Es kommt aber vor, dass zum Ende eines solchen Prozesses die Zeit knapp wird. Solchen Eventualitäten trägt auch das Abgabeprozedere bei der Testierungsstelle Rechnung. Zur **fristgerechten Abgabe des Selbstreports** reicht es aus, wenn das Dokument des Selbstreports am Tag der Abgabe per E-Mail eingeht. Der Versand der Druckfassung kann dann parallel am Tag der Abgabe erfolgen. Sollte eine ausschließliche Abgabe auf dem Postweg erfolgen, ist seitens des Bildungsanbieters sicherzustellen, dass der Selbstreport am Tag der Abgabe bei der Testierungsstelle eingeht.

Der Eingang des Selbstreports wird dem Bildungsanbieter schriftlich durch die Testierungsstelle bestätigt. In diesem Bestätigungsschreiben wird auch der **Name des Gutachters/der Gutachterin** mitgeteilt.

Die **Begutachtung** erfolgt innerhalb eines Zeitraums von maximal 5 Wochen nach Abgabe des Selbstreports. Grundlage der Begutachtung ist ausschließlich der Selbstreport. Für den Fall, dass die Erfüllung der testierungsrelevanten Anforderungen anhand des Selbstreports nicht eindeutig festgestellt werden kann, werden im Gutachten Auflagen formuliert. Die Erfüllung dieser Auflagen wird im Rahmen des Rückmeldegespräches geprüft.

Jedes Gutachten wird von der Testierungsstelle einer **Qualitätskontrolle** unterzogen. Die Gutachten müssen in ihren Bewertungen und Aussagen sowohl sachlich richtig und plausibel als auch wertschätzend formuliert sein. Bei der Qualitätskontrolle greift die Testierungsstelle auch direkt auf den Selbstreport zurück. Die Anmerkungen der Testierungsstelle zum Gutachten werden dem/der Gutachtenden schriftlich übermittelt. In einem ausführlichen Gespräch werden diese Anmerkungen und eventuell vorhandene unterschiedliche Sichtweisen auf das zu begutachtende Material zwischen Testierungsstelle und Gutachtenden erörtert. Das nach diesem Austausch von dem/der Gutachtenden überarbeitete Gutachten wird von der Testierungsstelle abschließend geprüft und einer formalen Endkontrolle unterzogen. Erst dann wird es an den Bildungsanbieter verschickt.

Die **Gutachten** haben einen Umfang von ca. 20-25 Seiten und bestehen aus drei Abschnitten.
Der erste Abschnitt enthält eine Zusammenfassung der Begutachtung. Er beginnt mit einer Aussage zur Erfüllung der Anforderungen. Dann folgt eine Auflistung der Begutachtungsergebnisse zu den einzelnen Qualitätsbereichen. Der erste Abschnitt endet mit der Darlegung eines Gesamteindrucks des/der Gutachtenden zum Selbstreport, den Stärken der Bildungsveranstaltungskonzeption und den Entwicklungsmöglichkeiten oder -potenzialen sowie den Entwicklungsnotwendigkeiten oder -bedarfen. An dieser Stelle ist auch der Platz für Rückmeldungen über den Selbstreport als solchen oder über den Prozess der Qualitätsentwicklung. Hier wird auch die Definition gelungenen Lernens reformuliert und kommentiert.
Der zweite Abschnitt beinhaltet die Begutachtung der einzelnen Qualitätsbereiche. Die Rückmeldungen an den Bildungsanbieter enthalten dabei einen prüfenden und einen beratenden Aspekt. In der prüfenden Passage wird eine Aussage darüber getroffen, ob die Mindestanforderungen erfüllt sind. Anschließend folgt eine Begründung für diese Entscheidung. Es wird zu jeder Mindestanforderung des jeweiligen Qualitätsbereiches eine Aussage gemacht. In der beratenden Passage werden dann Anregungen und Kommentare der Gutachtenden rückgespiegelt. Diese Teile des Gutachtens sollen dem Bildungsanbieter als Fundus für die weitere Qualitätsentwicklung dienen.
Der dritte Abschnitt gibt Auskunft über das weitere Vorgehen für das Rückmeldegespräch.

Die **Begutachtung des Selbstreports** kann grundsätzlich zu zwei verschiedenen Ergebnissen führen:

1. Für die zu testierende Bildungsveranstaltung sind alle Anforderungen, die testierungsrelevant sind, erfüllt. Die Erteilung des Testates wird daher empfohlen.
2. Auf der Grundlage des Selbstreports kann noch nicht entschieden werden, ob alle Anforderungen, die testierungsrelevant sind, erfüllt sind. Dann wird vermerkt, in welchen Qualitätsbereichen die Anforderungen mit der Darstellung und den darin genannten Nachweisen erfüllt sind und in welchen Qualitätsbereichen im Gutachten Auflagen gefordert werden.

Das **Rückmeldegespräch** soll in einem Zeitrahmen von sechs Wochen nach Eingang des Gutachtens beim Bildungsanbieter stattfinden. Der Termin wird eigenständig zwischen dem/der Gutachtenden und dem Bildungsanbieter vereinbart und vom Gutachter/von der Gutachterin an die Testierungsstelle weitergeleitet. Das Rückmeldegespräch dauert ca. vier Stunden.
Am Ende des Rückmeldegesprächs steht ein Protokoll, das Auskunft darüber gibt, ob die im Gutachten genannten Auflagen erfüllt und/oder entsprechende Nachweise vorhanden sind. Die Erstellung dieses Protokolls erfolgt innerhalb einer Woche nach dem Rückmeldegespräch durch die Gutachterin/den Gutachter. Das Protokoll schließt mit einem Votum, ob das Testat erteilt werden kann oder nicht. Die endgültige Entscheidung in dieser Frage wird von der Testierungsstelle getroffen. Nach Prüfung des Protokolls zum Rückmeldegespräch schickt die Testierungsstelle ein entsprechendes Schreiben an den Bildungsanbieter.

Wenn die **Auflagen nicht erfüllt** wurden, hat der Bildungsanbieter bis zu max. sechs Monate Zeit, einen überarbeiteten Selbstreport zur **erneuten Begutachtung** vorzulegen. Dafür fallen wieder Testierungskosten an; ein weiteres Rückmeldegespräch findet nur statt, wenn wiederum Auflagen formuliert werden mussten. Hierdurch erhöhen sich die Kosten für die Wiederholungstestierung.

Bei einem positiven Ergebnis der Begutachtung und einem erfolgreichen Rückmeldegespräch kann die Testierung erfolgen.
Der Bildungsanbieter erhält von ArtSet die **Testatsurkunde** und ein digitales Testats-Logo, das für Werbezwecke genutzt werden kann. Datum der Testierung ist immer der Termin des Rückmeldegesprächs. Mit dem Testat wird zugleich das digitale LQB-Logo, das der Bildungsanbieter für Werbezwecke nutzen kann, zugesandt.

Abb. 1: LQB-Logo

Das **LQB-Testat** ist im Prinzip dauerhaft gültig, unter der Bedingung, dass alle zwei Jahre ein Veränderungsreport erstellt wird, um das Testat zu aktualisieren. Auf dem LQB-Logo ist das Datum vermerkt, bis zu dem das Testat vorerst gültig ist bzw. zu dem eine Aktualisierung erforderlich ist. Dieses Datum liegt genau zwei Jahre nach dem Testierungstermin.

Für die **Aktualisierung des Testats** reicht der Bildungsanbieter einen Veränderungsreport bei der Testierungsstelle ein. Darin werden Modifikationen im Konzept der Bildungsveranstaltung dokumentiert und kommentiert (für weitere Informationen zum Inhalt des Veränderungsreports vgl. Kap. 14).
Der Bildungsanbieter bezieht sich in seinem Veränderungsreport jeweils auf die Modellversion von LQB, nach der er testiert wurde. Ggf. neuere Modellversionen kann, muss er aber nicht berücksichtigen. Die Kosten der Aktualisierung sind den jeweils geltenden Geschäftsbedingungen zu entnehmen.
Um das aktualisierte Logo fristgerecht zum Ablauf der zwei Jahre zu erhalten, muss der Bildungsanbieter seinen Veränderungsreport 4 Wochen vor Ablauf der Gültigkeit bei der Testierungsstelle einreichen.

Teil B: Anleitung für die Anwendungspraxis

9. Was passiert im Einführungsgespräch?

Wenn ein Weiterbildungsanbieter sich für die Testierung nach LQB entschieden und bei der ArtSet® Qualitätstestierung GmbH angemeldet hat, besteht zunächst die Möglichkeit zu einem Einführungsgespräch mit einem ausgebildeten Gutachter.

Hier wird die Logik von LQB, ihre besondere Art der Anforderungen und die Vorgehensweise erläutert. Wichtig für eine erfolgreiche Testierung ist, dass das Prinzip der **Lernerorientierung** und die Funktion der **Definition gelungenen Lernens** im Einführungsgespräch erklärt wird. Wenn die für die Qualitätsentwicklung verantwortlichen Mitarbeiterinnen und Mitarbeiter den Gedanken der Lernerorientierung nicht verstehen, dann gerät der gesamte Qualitätsprozess in falsches »Fahrwasser«, d.h. er wird um seinen sinnstiftenden Kern gebracht. Es ist daher die besondere Kompetenz des oder der Gutachtenden gefordert, den theoretisch nicht immer einfachen Gedanken praktisch anschlussfähig vermitteln zu können.

Weiter soll im Rahmen dieses ein- bis zweistündigen Einführungsgespräches den LQB-Anwendern die Möglichkeit gegeben werden, Fragen zum Testierungsverfahren und zu den einzelnen Qualitätsbereichen und Anforderungen zu klären. Indem die Qualitätsbereiche und Anforderungen Schritt für Schritt durchgesprochen werden, wird deutlich, was jeweils erwartet wird und in welcher Art und Weise der Bildungsanbieter dies ggf. schon erfüllt. So findet im Rahmen des Einführungsgespräches eine erste Stärken-Schwächen-Analyse als Basis für die Weiterarbeit statt. Inhalt des Gesprächs kann auch das Erstellen des Selbstreports sein. Dabei wird geklärt, in welcher Art und Weise der Selbstreport geschrieben sein soll oder welchen Aufbau und welche Form er hat. Wie lange der Bildungsanbieter braucht, um sein Konzept in Form eines Selbstreports zu verschriftlichen, entscheidet er selbst.

Am Ende des Einführungsgesprächs steht eine Vereinbarung, bis wann der Selbstreport fertig gestellt sein soll und bei der Testierungsstelle abgegeben wird. Die Festsetzung eines Termins schafft zum einen Verbindlichkeit für die Qualitätsarbeit, zum anderen kann die Testierungsstelle auf dieser Basis den Gutachtereinsatz und die Administration des Testierungsprozesses planen, so dass ein zügiges Begutachtungs- und Testierungsverfahren sichergestellt werden kann.

Das Einführungsgespräch kann entweder im Rahmen eines Telefontermins oder bei ArtSet vor Ort durchgeführt werden. Sinnvoll ist es, wenn auf Seiten des Bildungsanbieters die Personen teilnehmen, die für die Konzeption und Organisation der Bildungsveranstaltung verantwortlich sind sowie diejenigen, die für die Erstellung des Selbstreports zuständig sein werden.

10. Warum ist die Definition gelungenen Lernens so wichtig?

Bei der Lernerorientierten Qualitätsentwicklung und -testierung steht das gelungene Lernen im Fokus aller Qualitätsanstrengungen. Ziel ist es, das Konzept der Bildungsveranstaltung und die Organisationsprozesse zu deren Realisierung so zu gestalten, dass die Bedingungen des Lernens der Teilnehmenden optimiert werden.
Durch die Formulierung einer Definition gelungenen Lernens soll das pädagogische Selbstverständnis, das die Gestaltung der Bildungsveranstaltung leitet, auf den Punkt gebracht werden.

Gelungenes Lernen bemisst sich grundsätzlich an einer Erweiterung der Bestimmung des Subjektes über sein Leben, d.h. an der Erweiterung seiner Handlungsfähigkeit. Das Lernen bezieht sich deshalb in letzter Instanz immer auf die alltägliche Lebenspraxis des Individuums, die durch Erweiterung von Wissen und Können verbessert werden soll. Die zu vollziehende »Lernschleife« dient dann dem Ziel der Erweiterung der individuellen Handlungsfähigkeit, um hernach den Herausforderungen der Alltagspraxis in höherem Maße gerecht werden zu können. Lernen verläuft erfolgreicher, wenn die Lernenden motiviert sind, d.h. wenn sich die Lernenden eine durch Lernen verbesserte Verfügung über ihre relevanten Lebensbedingungen, mithin eine Verbesserung ihrer Lebensqualität vorstellen können.

Die Erarbeitung der **Definition gelungenen Lernens** setzt nun einen Perspektivwechsel auf den Standpunkt der Lernenden voraus. Es geht also darum, die Frage zu beantworten, was im denkbar besten Fall durch die angebotene Bildungsveranstaltung für die Lernenden erreicht werden kann. Zu beachten ist, dass es sich bei der Definition um eine Idealvorstellung handelt, die als »roter Faden« für die Qualitätsentwicklung und das Handeln in der Praxis dient. Wie das Lernen im individuellen Fall tatsächlich verläuft, kann nicht vorherbestimmt werden, weil Lernen ein selbstgesteuerter Prozess des Lernenden ist. Die Definition gelungenen Lernens dient als Richtschnur, um bestmögliche Rahmenbedingungen für die individuellen Lernprozesse zu gestalten.

Es handelt sich bei der Definition gelungenen Lernens **nicht** um pädagogische und fachliche Zielsetzungen der Lehrkräfte oder um Lernziele der realen Teilnehmenden, sondern um eine übergeordnete Leitvorstellung, die sich auf den Gesamtkontext der konkreten Bildungsveranstaltung bezieht. Auf die Definition gelungenen Lernens hin müssen sich die einzelnen praktischen Lehrziele der Bildungsveranstaltung begründen lassen.

Das Lernerorientierte Qualitätsmodell hat den Anspruch, als branchengerechtes Qualitätsentwicklungsmodell und entsprechend adäquate Qualitätstestierung zu fungieren. Es soll die Besonderheit des Bildungsprozesses – nämlich die Tatsache, dass Lernen immer eine Aktivität der Lernenden ist und nur durch Kontextbedingungen unterstützt und gefördert werden kann – berücksichtigen.
Dies geschieht bei LQB in folgender Weise:

- Bis auf die ersten beiden Qualitätsbereiche sowie den letzten Qualitätsbereich, die eher auf die Rahmenbedingungen des Anbieters zur Realisierung der Bildungsveranstaltung fokussieren, wird in den Anforderungen aller
  Qualitätsbereiche explizit auf die Lernenden Bezug genommen Die Perspektive der Lernenden wird hier also direkt eingenommen.

- Zentral und einzigartig in der Lernerorientierten Qualitätstestierung ist die
  zwingende Definition gelungenen Lernens und die Begründung der in den
  jeweiligen Bereichen unternommenen Qualitätsmaßnahmen aus dieser Definition heraus. Die Perspektive der Lernenden kommt hier also vermittelt
  über den Begründungszusammenhang vor.

- Schließlich findet ein Rückbezug auf die Definition gelungenen Lernens
  auch im Begutachtungsprozess statt, indem die Gutachterin bzw. der Gutachter die Definition wiederbeschreibt und kommentiert, die entsprechende
  Stimmigkeit der Begründungen der Qualitätsmaßnahmen prüft und dies in
  der Diskussion des Selbstreports und des Gutachtens während des Rückmeldegesprächs auch thematisiert.

Lernen muss jeder Mensch selbst, d.h. Lernen kann nicht von außen bestimmt
werden. Lernen ist immer ein selbstgesteuerter Prozess des Lernsubjektes.
Dennoch kann durch die Steuerung der Kontextbedingungen ein nicht unerheb-
licher Einfluss auf den Lernprozess des Lernsubjektes genommen werden. Es
ist daher nicht unbedeutend, ob Lernen in angemessenen Umgebungen und
begleitet durch professionelles Personal stattfindet oder eben nicht. Um die
Gestaltung dieser Kontextbedingungen allerdings bewusst und gezielt vornehmen zu können, brauchen die professionellen Lernunterstützer/innen eine »gefüllte« Vorstellung davon, wann der angezielte Lernprozess als gelungen zu
betrachten ist. Die Definition gelungenen Lernens dient als Fokus, aus dem
heraus alle Qualitätsanstrengungen und alle qualitätssichernden Vorgehensweisen zu begründen sind.

Nach innen gewinnt der Bildungsanbieter durch diese Vorgehensweise eine
Entscheidungsgrundlage, welche Prozesse in welcher Weise zu regeln sind –
nämlich diejenigen, die begründbar den Lernprozess unterstützen. Nach außen
signalisiert der Bildungsanbieter mit dem Ausweis dessen, was er als gelungenes Lernen anstrebt, ein Leistungsversprechen gegenüber seinen potenziellen
Kunden, die sich entscheiden können, ob dieses Angebot mit ihren eigenen
Vorstellungen übereinstimmt. Auch im Verlaufe des Begutachtungsprozesses
wird von den Gutachtenden immer wieder auf die veranstaltungsspezifische
Definition gelungenen Lernens Bezug genommen; sie dient auch als Orientierung bei der externen Evaluation der Qualitätsentwicklung.

Durch diese permanente Rückbegründung auf die Definition gelungenen Lernens kann das Prinzip des Gelungenen über das Lernen der Teilnehmenden
hinaus für die Qualitätsentwicklung – also das organisationale Lernen – in Bildungsveranstaltungen nutzbar gemacht werden, indem es zum Maßstab wird,
um Qualität in der Bildungsveranstaltung insgesamt zu bewerten. Folgendes
könnten beispielhafte Fragen hierzu sein:

➢ Ist das Selbstverständnis des Anbieters gelungen dargestellt, d.h. ist es so formuliert, dass es das pädagogische und organisatorische Handeln in Bezug auf die Bildungsveranstaltung anleiten kann? (QB 1 Selbstverständnis des Anbieters)

➢ Fühlen sich unsere Kunden umfassend informiert, beraten, begleitet, unterstützt, d.h. ist die Kommunikation mit ihnen gelungen? (QB 2 Kundenkommunikation/Kundenorientierung)

➢ Gelingt es uns, die gesellschaftlichen Entwicklungstrends zutreffend zu erfassen? Gelingt es uns, die Besonderheiten und Lernbedürfnisse der Zielgruppe zutreffend zu beschreiben? (QB 3 Bedarfserschließung/ Zielgruppenbedürfnisse)

➢ Ist unsere Definition gelungenen Lernens gelungen formuliert? Gelingt es uns, unser pädagogisches Verständnis vom Lernen damit auf den Punkt zu bringen? (QB 4 Definition gelungenen Lernens)

➢ Sind unsere Ziele gelungen herausgearbeitet und formuliert? (QB 5 Ziele)

➢ Wird durch die inhaltliche Konzeption, d.h. durch die Reihenfolge der Lehrinhalte, durch das didaktische Konzept, durch den Methoden- und Materialeinsatz gelungenes Lernen der Teilnehmenden ermöglicht? (QB 6 Inhaltliche Konzeption)

➢ Fördern wir gelingendes Lernen der Lernenden durch unser Lehrverhalten? (QB 7 Qualität der Lehrenden)

➢ Sind unsere Lern- und Arbeitsräume gelingendem Lernen förderlich? (QB 8 Infrastruktur)

➢ Können wir feststellen, dass das Lernen der Teilnehmenden gelungen ist? (QB 9 Evaluation der Bildungsprozesse)

➢ Gelingt es mit unseren Kennzahlen das zu erfassen und zu bewerten, was wir als unseren spezifischen Erfolg betrachten? (QB 10 Controlling)

11. Wie schreibt man einen LQB-Selbstreport?

Nach dem Einführungsgespräch kann die Qualitätsentwicklungsarbeit und das Schreiben am Selbstreport beginnen.
Anhand der Qualitätsbereiche und Anforderungen von LQB wird die bestehende Konzeption der Bildungsveranstaltung unter die Lupe genommen und ggf. werden weitere Entwicklungsschritte und Qualitätsmaßnahmen geplant und umgesetzt.
Ein grundlegender Schritt der Qualitätsarbeit ist dabei die Erarbeitung einer Definition gelungenen Lernens. Die gesamte Konzeption und alle weitergehenden Qualitätsentwicklungsprozesse und deren Umsetzung werden daraufhin abgestimmt.
Das schriftliche Dokument der Selbstreflexion und Qualitätsentwicklung ist der Selbstreport. Darin wird die Konzeption der Bildungsveranstaltung beschrieben und der Qualitätsprozess bewertet. Im Selbstreport wird die Qualität der Veran-

staltungskonzeption verdeutlicht. Der Selbstreport dokumentiert damit die Angebotsqualität. Es wird damit noch nichts über das tatsächliche Gelingen oder die Erfolge in der Durchführung der Veranstaltung ausgesagt. Die detaillierte Beschreibung und Begründung der konzeptionellen Planungen und der konkreten Vorgehensweisen erhöht aber die Sicherheit für die Durchführung der Bildungsveranstaltung.

Im Selbstreport beschreibt der Bildungsanbieter die Ziele, organisatorischen Rahmenbedingungen und alle geplanten Maßnahmen zur Realisierung der Bildungsveranstaltung.
Der Selbstreport hat den Nutzen einer erhöhten **Selbstreflexion nach innen**, er ist aber darüber hinaus auch (ggf. auszugsweise) ein **Qualitätsnachweis** bzw. ein mögliches Marketinginstrument **nach außen**. Im Erarbeitungsprozess klären die Beteiligten sich und andere darüber auf, was sie getan haben, was sie tun und wie sie es tun. Die schriftliche Fixierung zwingt zu einer Selbstvergewisserung über Ziele, Ergebnisse, Vorgehensweisen und Verfahren. Dabei werden Begründungszusammenhänge ausgeführt und Veränderungsmaßnahmen beschrieben. Die Selbstbeschreibungen dienen dem Anbieter einer Bildungsveranstaltung dazu, einen prüfenden Blick auf sich selbst zu werfen. Der Selbstreport ist deshalb kein »Hofbericht«, sondern bietet die Gelegenheit zur Selbstauskunft über vollzogene Entwicklungen, aber auch über gesichtete Bedarfe und Entwicklungsziele. In ihm bündeln sich die Entwicklungsschritte in Bezug auf die Bildungsveranstaltung. Der Selbstreport nötigt zu Begründungen und Festlegungen. Er ist deshalb nicht nur eine Reflexions-, sondern auch eine Planungs- und Entscheidungshilfe.
Bei mehrmaliger Durchführung einer Bildungsveranstaltung wird der Selbstreport auf der Grundlage von Evaluationen und Informationen über sich verändernde Umweltbedingungen immer weiter fortgeschrieben und aktualisiert. Damit dokumentiert er den Weg kontinuierlicher Qualitätsentwicklung und ist zugleich als Handbuch in der Alltagsarbeit nutzbar.

Der Selbstreport macht inhaltliche Aussagen über das Vorgehen und die Ergebnisse bei der Planung und Gestaltung einer Bildungsveranstaltung und ist so formuliert, dass Außenstehende verstehen, **was** in der Bildungsveranstaltung **wie** und **warum** geschieht. Der Selbstreport muss aus sich heraus – ohne Rückgriff auf Nachweise – verständlich, das heißt selbsterklärend, sein.
Formulierungen wie »regelmäßig«, »geeignet«, »zukünftig«, »künftig« etc. beschreiben keine konkreten Verfahren und Zeitpunkte, sondern wirken als »anekdotische« Formulierungen von Vorhaben bzw. als Absichtserklärungen und sind deshalb im Selbstreport zu vermeiden. Statt »regelmäßig« zu schreiben, ist im Selbstreport der genaue Rhythmus oder Turnus anzugeben; statt »zukünftig« zu schreiben, ist der Zeitpunkt festzulegen, zu dem die Maßnahme durchgeführt oder das Ziel etc. erreicht ist. Der Selbstreport darf keine Formulierungen im Sinne von Setzungen oder bloße Behauptungen enthalten. Vielmehr muss die Erfüllung der Mindestanforderungen inhaltlich ausgeführt und nachgewiesen werden. Der Selbstreport gewinnt an Plausibilität und Lebendigkeit, wenn Vorgehensweisen und Erfahrungen an Beispielen dokumentiert werden. Eine Beschreibung der Entwicklungsmaßnahmen und Verfahren beinhaltet

auch Bewertungen und Schlussfolgerungen. So ist es beispielsweise nicht aus-reichend, nur Kennzahlen aufzuzählen, ohne diese zu begründen, in ihrer Sinn-haftigkeit zu bewerten und Schlussfolgerungen daraus zu ziehen. Es sind also Fragen zu beantworten, wie: Wozu machen die Kennzahlen eine Aussage? Was nutzt uns diese Kennzahl?

Im Selbstreport geht es darum, eigene Maßstäbe und Ziele zu benennen und deren Bearbeitung zu beschreiben. Hierbei kann natürlich auch auf Material verwiesen werden, das beim Bildungsanbieter vorliegt, das aber nicht in den Selbstreport integriert wurde.
Die **Nachweise**, auf die im Selbstreport Bezug genommen oder verwiesen wird, sind – nach Qualitätsbereichen geordnet – für das Rückmeldegespräch bereit-zustellen. Als Nachweise gelten Dokumente, Beispiele und Belege (z.B. Pro-gramme, Fragebögen zur Evaluation der Bildungsarbeit, Checklisten für Ein-stellungsgespräche mir Dozenten, Inventar- und Prüflisten der Medien, Proto-kolle). Der Selbstreport bzw. Teile daraus gelten als Nachweis, wenn der ent-sprechende Sachverhalt oder das entsprechende Dokument vollständig im Selbstreport enthalten ist, z.B. das Selbstverständnis des Anbieters. Wenn nur zusammenfassend oder beispielhaft berichtet wird, müssen weitere Nachweise vorliegen.

Jeder **Qualitätsbereich** unterscheidet Spezifikationen, Anforderungen und Nachweismöglichkeiten. Die Spezifikationen sind keine Prüfgrundlage. Sie sind als Beispiele oder Ideengeber zu den Anforderungen zu verstehen und sollen das Verständnis der Qualitätsbereiche durch Konkretisierungen vertiefen. **Die Anforderungen sind die alleinige Prüfungsgrundlage der Testierung und müssen – im Sinne von Mindeststandards – zwingend erfüllt werden.** Na-türlich besteht die Möglichkeit, über die in den Qualitätsbereichen formulierten Anforderungen hinaus, eigene Anforderungen für die jeweilige Praxis festzule-gen oder auch die Spezifikationen bei der Qualitätsarbeit in den Blick zu neh-men, sich durch sie anregen zu lassen, die Spezifikationen zu verändern oder zu erweitern. Eine eventuelle »Übererfüllung« der Anforderungen ist ein ausge-zeichnetes Qualitätsmerkmal und sollte unbedingt dargestellt werden.

Der Selbstreport begründet die Konzeption der Bildungsveranstaltung und das eigene Handeln aus dem eigenen professionellen Verständnis gelungener Lernprozesse. Daraus werden in den Qualitätsbereichen eigene Maßstäbe abgeleitet und die Einhaltung der allgemeingültigen Anforderungen nachgewiesen.
Der Selbstreport ist eine Selbstbeschreibung des Bildungsanbieters hinsichtlich seines Handelns im Rahmen der betreffenden Bildungsveranstaltung. Deshalb ist der eigene Zugang bzw. Bezug zu den Qualitätsbereichen von Bedeutung. Wenn z.B. nach einer Definition gelungenen Lernens gefragt wird, ist damit die jeweilige handlungsleitende Vorstellung des Bildungsanbieters in Bezug auf seine konkreten Adressaten als Antwort erwünscht – und nicht eine allgemeine Aussage oder eine theoretische Definition. Denn diese inhaltlich gefüllte Vor-stellung gelungenen Lernens bildet den Fokus, auf den alle organisationalen

und konzeptionellen Entwicklungsmaßnahmen gerichtet sind und aus dem heraus sie zu begründen sind.

Der Selbstreport besteht immer aus zwei Teilen:

1. Einführungsteil:
In einem kurzen Einführungsteil können vorab Informationen gegeben werden, die für das Verständnis der folgenden Beschreibungen wichtig sind. Darin können z.B. Fragen zur organisationalen Einbettung, zum gesellschaftlichen oder politischen Kontext, zum Entstehungshintergrund oder zur Motivation etc. der Bildungsveranstaltung beantwortet werden. Es kann z.B. auch auf die Gründe eingegangen werden, sich für eine Testierung zu entscheiden oder auf die Ziele, die mit der Testierung verbunden werden.

In Bezug auf den Gesamtprozess der Bildungsveranstaltung ist es darüber hinaus wichtig, dass Verantwortungen festgelegt und Schnittstellen definiert sind. Diese Regelungen zur Koordination sollen abgestimmtes Handeln und eine optimale Leistungserbringung ermöglichen. So wird sichergestellt, dass die im Selbstreport beschriebenen Planungen und Vorgehensweisen auch tatsächlich realisiert werden.

Um diese qualitätssichernden Rahmenbedingungen zu gewährleisten, gibt es zwei zusätzliche **Anforderungen, die für die Testierung obligatorisch sind**:

- Die Verantwortung für die Bildungsveranstaltung und deren Qualitätsentwicklung ist festgelegt.

- Eine Verpflichtung zur kontinuierlichen Qualitätsentwicklung liegt vor.

Die Erfüllung dieser Anforderungen muss im Rahmen des Einführungsteils des Selbstreports beschrieben sein.

2. Inhaltlicher Teil:
Das Kernstück des Selbstreports bildet der inhaltliche Teil, dessen Gliederung sich an den Qualitätsbereichen und deren Anforderungen orientiert.
Für jeden Qualitätsbereich wird ein eigenes Kapitel erstellt. Darin ist beschrieben, in welcher Weise die Anforderungen – die jeweils in der rechten Spalte der Tabellen zu den Qualitätsbereichen aufgelistet sind – erfüllt sind und was ggf. darüber hinaus getan wurde.

> Jedes Kapitel zu jedem Qualitätsbereich enthält **zwingend mindestens Angaben zu drei Fragen**:
>
> 1. In welcher Weise und wodurch sind die (Mindest-)Anforderungen erfüllt? Was wurde ggf. darüber hinaus getan? (Angaben zu den Verfahren und Ergebnissen)
>
> 2. Wie werden die eingesetzten Verfahren und ihre Ergebnisse bewertet und welche Schlussfolgerungen werden daraus gezogen? (Angaben zu den Bewertungen und Schlussfolgerungen)
>
> 3. Wie und wo sind die eingesetzten Verfahren und die erzielten Ergebnisse dokumentiert und können ggf. nachgeprüft werden? (Angaben zu den Nachweisen).

Alle Angaben müssen **inhaltlich ausgeführt** (zumindest zusammenfassend oder beispielhaft), **glaubhaft**, **nachgewiesen**, **zugänglich** und **überprüfbar** sein. Die qualitätssichernden Vorgehensweisen müssen **eingeführt** (d.h. sie sind allen bekannt und es wird bereits nach ihnen gehandelt), **begründet** (in Bezug auf das Selbstverständnis und die Definition gelungen Lernens) und **systematisiert** (d.h. nicht einmalig und nicht vom zufälligen Engagement Einzelner abhängig) sein.
Das Selbstverständnis des Anbieters muss vollständig im Selbstreport enthalten sein. Optionale Qualitätsbereiche können hinzugefügt werden.

Es empfiehlt sich, durchgängig das Strukturmuster mit den Rubriken »Verfahren und Ergebnisse«, »Bewertungen und Schlussfolgerungen« und »Nachweise« in der Darstellung einzuhalten. Damit keine der zu erfüllenden (Mindest-) Anforderungen »verloren« geht, ist es sinnvoll, im Selbstreport in den einzelnen Qualitätsbereichen die Anforderungen als Zwischenüberschriften mit aufzunehmen.

Die Nachweise, auf die im Selbstreport Bezug genommen wird, sollten eine Kennzeichnung haben, die ggf. auch den Ort angibt, wo der Nachweis beim Bildungsanbieter dokumentiert ist sowie das Datum, um die Aktualität auszuweisen. Eine Liste der Nachweise, auf die im Selbstreport Bezug genommen wird, steht als Anhang am Ende des Selbstreports.

Formale Anforderungen an den Selbstreport:

1. Der Selbstreport ist als **Fließtext** zu verfassen.

2. Ein **Deckblatt** gibt den Titel der Bildungsveranstaltung sowie die vollständige Adresse des Bildungsanbieters inklusive Telefon, Fax und E-Mail wieder und nennt eine Kontaktperson für Nachfragen.

3. Zur Orientierung für die Gutachtenden ist auf der zweiten Seite ein **Inhaltsverzeichnis** mit Seitenzahlen enthalten.

4. Der Selbstreport darf einen **Umfang** von 70 DIN-A4-Seiten nicht überschreiten und ist einseitig bedruckt.

5. Der Selbstreport ist **1,5-zeilig** formatiert und weist für die Begutachtung einen rechten **Rand** von 7 cm für die Kommentare auf. Sein linker, oberer und unterer Rand betragen 2,5 cm; als **Schriftform und -größe** ist Arial 11 festgelegt.

6. Bei der Testierungsstelle wird ein Exemplar des Selbstreports eingereicht. Es werden keine Nachweise eingereicht. Zusätzlich ist für die Dokumentation eine **Word-Datei** über E-Mail zuzusenden oder als Diskette/CD mit dem Selbstreport abzugeben.

---

12. Was passiert im Rückmeldegespräch?

Für die Testierung wird der Selbstreport bei der Testierungsstelle eingereicht und von einem unabhängigen Gutachter bzw. einer unabhängigen Gutachterin ein Gutachten zum Selbstreport erstellt. Nachdem das Gutachten eine Qualitätskontrolle in der Testierungsstelle durchlaufen hat, wird es an den Bildungsanbieter versendet. Anschließend findet das Rückmeldegespräch statt.

Beim Rückmeldegespräch handelt es sich um einen Besuch des Bildungsanbieters durch den Gutachter bzw. die Gutachterin. Die Besichtigung der Räume, in denen die Bildungsveranstaltung stattfindet, ist dabei ein möglicher Einstieg in das Gespräch. Vor allem dient das Rückmeldegespräch aber der Prüfung der vorzuhaltenden Nachweise für die im Selbstreport gemachten Angaben, der ggf. erfolgten Auflagen, und – im Hauptteil – der Diskussion des Gutachtens. **Ziel des Rückmeldegespräches ist es, vertiefte Lernprozesse in Bezug auf die Organisation und Konzeption der Bildungsveranstaltung anzuregen und eine Basis für die weitere Qualitätsarbeit zu schaffen.** Deshalb sollen auch Fragen des Bildungsanbieters geklärt und ggf. Klarheit darüber geschaffen werden, welche weiteren Arbeiten wegen etwaiger Nichterfüllung der Auflagen erforderlich sind.

Das Rückmeldegespräch wird organisatorisch – und soweit es die Erfüllung von Auflagen betrifft auch in der Sache – von Seiten des Bildungsanbieters vorbereitet und vom Gutachter inhaltlich sowie zeitlich gesteuert.

Am Rückmeldegespräch sollten auf jeden Fall diejenigen teilnehmen, die die Bildungsveranstaltung und die Erstellung des Selbstreports verantworten. Darüber hinaus ist es sinnvoll, möglichst viele weitere Mitarbeiter und Mitarbeiterinnen einzubeziehen, die in die Organisation und Durchführung der Bildungsveranstaltung eingebunden sind. Welche Personen letztendlich am Rückmeldegespräch teilnehmen, liegt in der Entscheidung des Bildungsanbieters.

Das Rückmeldegespräch umfasst folgende Teile:

1. Einsicht in Nachweise und ggf. Prüfung der Erfüllung der Auflagen

2. Diskussion des Gutachtens

Das Rückmeldegespräch dauert im Regelfall ca. vier Stunden.

Die **Diskussion des Gutachtens** ist deshalb von großer Bedeutung, weil Lernen immer an Rückspiegelungen aus der Umwelt gebunden ist. Aus diesem Grund kann Lernen insbesondere dann initiiert werden, wenn die Selbstbeschreibung des Systems (hier der Selbstreport des Bildungsanbieters) mit den Fremdbeobachtungen der Umwelt (hier repräsentiert durch die Evaluation des/der Gutachtenden) konfrontiert wird. Zur Diskussion steht dabei auch, wie der Bildungsanbieter das Gutachten erlebt hat, denn der Beobachtungsprozess ist wechselseitig. Neben der Prüfung der Nachweise steht deshalb der diskursive Prozess der beratenden Entwicklungsförderung im Zentrum des Rückmeldegesprächs. Im Rahmen dieser Diskussion soll es auch zu einer Rückspiegelung des Gutachters/der Gutachterin kommen, wie er/sie die Definition gelungenen Lernens einschätzt und wie die entsprechenden rückbezüglichen Begründungen in den Qualitätsbereichen ausgefallen sind. Ist die Lernerorientierung in den Augen des/der Gutachtenden im Selbstreport gelungen? Ist der Bezug auf das Leitbild und die Definition gelungenen Lernens als »roter Faden« der Qualitätsentwicklung durchgehalten und erkennbar? Wie und an welcher Stelle wären ggf. Erweiterungen oder Veränderungen denkbar?

Das Rückmeldegespräch wird von den Bildungsanbietern zu Recht im ersten Teil auch als **Prüfung** angesehen. Deshalb ist es von besonderer Bedeutung, dass die Gutachtenden hier sensibel und wertschätzend vorgehen. Eine Begehung kann als »warming up«, als informelle Ankoppelung zwischen Gutachter und Bildungsanbieter genutzt werden. Ist so die Phase der Prüfung der Nachweise und der ggf. erfolgten Auflagen vorbereitet und sachorientiert, aber wohlwollend überstanden, dann steht der entspannten und ausführlichen **Beratung** des Gutachtens als Schwerpunkt des Rückmeldegesprächs nichts mehr im Wege.

Alle im Selbstreport gemachten Aussagen müssen nachgewiesen werden können. **Nachweise**, auf die im Selbstreport Bezug genommen oder verwiesen wird, müssen – nach Qualitätsbereichen geordnet – gebündelt für das Rückmeldegespräch bereitgestellt werden. Die Gutachtenden haben das Recht, alle Nachweise einzusehen. Im Gutachten formulierte Auflagen sind in jedem Fall Gegenstand des Rückmeldegesprächs.

13. Die Testierung

Der Gutachter bzw. die Gutachterin dokumentiert das Rückmeldegespräch in Form eines Protokolls, das er/sie bei der Testierungsstelle einreicht. Im Rahmen dieses Protokolls spricht der/die Gutachter/in eine Empfehlung über die Erteilung des Testats aus. Die Letztentscheidung über die Testierung liegt bei der Testierungsstelle, die das Verfahren rechtlich verantwortet und das Testat ausstellt. Zusätzlich zum Testat erhält der Bildungsanbieter ein digitales LQB-Logo, welches er für Marketingzwecke nutzen kann. Darauf ist das Datum vermerkt, bis zu dem die Testierung aktualisiert werden muss. Dieses Datum liegt genau zwei Jahre nach dem Testierungstermin. Unter der Voraussetzung, dass das Testat alle zwei Jahre aktualisiert wird, ist es dauerhaft gültig. Für die Aktualisierung reicht der Bildungsanbieter vor Ablauf der zwei Jahre einen Veränderungsreport bei der Testierungsstelle ein. Wenn das Testat aktualisiert wurde, erhält der Bildungsanbieter ein neues Logo mit dem aktuellen Gültigkeitsdatum.

14. Wie wird das Testat aktualisiert?

Der **Veränderungsreport** ist die Basis für die Aktualisierung des Testats. Ziel des Veränderungsreports ist es, zu reflektieren und zu dokumentieren, was sich in der Konzeption der Bildungsveranstaltung verändert hat, welche Erfahrungen zu welchen Veränderungen im Konzept geführt haben, welche Verfahren sich bewährt und bestätigt haben. Damit reflektiert der Bildungsanbieter die eigene Qualitätsentwicklung seit der Testierung bzw. seit dem letzten Veränderungsreport.
Während der Selbstreport ausschließlich auf die konzeptionelle Ebene zielt – was bedeutet, dass im Prinzip alle Anforderungen erfüllt werden können, auch wenn die Bildungsveranstaltung bisher noch nicht real durchgeführt wurde –, sind im Veränderungsreport auch Ergebnisse aus der Durchführung zu berichten und zu reflektieren.

Der Veränderungsreport muss Aussagen zu folgenden Punkten enthalten:
* eine zusammenfassende inhaltliche **Beschreibung und Bewertung der erzielten Ergebnisse** in folgenden Bereichen:
  1. Evaluationsergebnisse
  2. Ergebnisse des Anregungs- und Beschwerdemanagements
  3. Ergebnisse des Controllings
  4. Ergebnisse der Bedarfserschließung.

  ➢ Die Ergebnisse zu den ersten drei Punkten beziehen sich auf die Durchführung der Bildungsveranstaltung. Ergebnisse der Bedarfserschließung wurden auch schon im Rahmen der Konzeption erhoben und im Selbstreport beschrieben, da sie ja die Grundlage für die Planung der Zielgruppe und der Ziele der Bildungsveranstaltung waren.

  Im Veränderungsreport geht es darum zu dokumentieren, dass Erfahrungen aus der Durchführung der Bildungsveranstaltungen und Veränderungen in der Umwelt regelmäßig reflektiert werden, um im Sinne der

Qualität erforderliche Veränderungen im Konzept zu erkennen. Durch diese Beschreibungen verdeutlicht der Bildungsanbieter zudem, dass er die im Selbstreport beschriebenen Verfahren auch tatsächlich nutzt. Weiter soll beschrieben werden, wie die Ergebnisse bewertet werden: Ist der Bildungsanbieter z.B. mit den Evaluationsergebnissen zufrieden? Wo werden Stärken/Schwächen erkennbar? Aus welchen Gründen sieht er seine Ergebnisse als positiv oder negativ an?

- Informationen dazu, welche **Konsequenzen aus den beschriebenen Ergebnissen gezogen** wurden.
  - ➤ Hier gilt es zu beschreiben, welche Veränderungsbedarfe aus den Auswertungen der oben genannten Bereiche abgeleitet wurden und wie Erfahrungen aus der Durchführung der Bildungsveranstaltung konzeptionell umgesetzt wurden. Wie wurde z.B. das, was gut war, weiter ausgebaut? Durch welche Maßnahmen wurde beispielsweise auf typische Beschwerden reagiert? Aus welchen Gründen und in welcher Hinsicht wurde ggf. das inhaltliche Konzept erweitert oder verändert?

- eine **Beschreibung aller weiteren Veränderungen in der Konzeption der Bildungsveranstaltung und eine Begründung dieser Veränderungen**.
  - ➤ Hier geht es darum, weitere Veränderungen, die sich als Reaktion auf äußere Bedingungen oder als Ergebnis veränderter eigener Zielsetzungen und Planungen im Konzept ergeben haben, darzustellen. Haben sich beispielsweise neue Kooperationen ergeben, die sich auch in der Konzeption niederschlagen? Haben sich Veränderungen im Evaluationskonzept, im Controlling, in den Anforderungen an die Infrastruktur ergeben? Wurde die Definition gelungenen Lernens überarbeitet, z.B. weil sich die Zielgruppe verändert hat?

- eine **Selbstverpflichtung des Bildungsanbieters**, dass die Bildungsveranstaltung weiterhin entsprechend der im Selbstreport beschriebenen Konzeption durchgeführt wird.
  - ➤ Damit verpflichtet sich der Bildungsanbieter, die selbstgesetzten Qualitätsstandards auch weiterhin einzuhalten.

- **Nachweise** für die im Veränderungsreport beschriebenen Veränderungen.
  - ➤ Es muss ersichtlich sein, in welcher Form die im Veränderungsreport beschriebenen Ergebnisse und Veränderungen dokumentiert sind. Dies kann z.B. der Verweis auf einen Evaluationsbericht, auf ein aktualisiertes Dokument oder einen aktualisierten Teil der Konzeption sein. Dies dient zum einen dem eigenen Überblick über Veränderungen, zum anderen könnte sich ein Gutachter oder die Testierungsstelle auf dieser Basis im Zweifelsfall den Nachweis vorlegen lassen. Die Nachweise können z.B. durch eine Nachweisliste am Ende des Reports übersichtlich dargestellt werden. Die Nachweise werden wie bei der Testierung nicht mit zur Begutachtung eingereicht.

Der Veränderungsreport sollte einen Umfang von 15 Seiten nicht überschreiten. Er muss wie der Selbstreport selbsterklärend geschrieben und auch auf gleiche Art und Weise formatiert sein.

Der Veränderungsreport wird durch einen Gutachter bzw. durch die Testierungsstelle geprüft. Das Testat wird auf der Basis des Veränderungsreportes aktualisiert, wenn für die Testierungsstelle darin deutlich wird, dass in Bezug auf die Bildungsveranstaltung eine kontinuierliche Qualitätsentwicklung stattfindet und nachvollziehbare Aussagen zu den oben benannten Punkten vorliegen. Der Bildungsanbieter erhält ein Logo mit dem Datum, an dem die erneute Aktualisierung des Testats in zwei Jahren fällig ist.

Insgesamt setzt das LQB-Verfahren auf die Eigenaktivität und -verantwortung der Bildungsanbieter, ihren im Rahmen der Testierung begonnenen Qualitätsprozess auf Dauer zu stellen. Die zweijährliche Aktualisierung des Testats dient mithin auch der Selbstreflexion, ob Qualitätsentwicklung tatsächlich kontinuierlich stattfindet.

15. Wie ist der Zusammenhang zwischen Begutachtung und Entwicklungsförderung?

LQB ist ein Qualitätsentwicklungssystem, das Bildungsanbietern hilft, die geforderten Qualitätsstandards durch vorbereitende und begleitende Maßnahmen zu erreichen. **Die Einheit von Begutachtung und Entwicklungsförderung ist der Kern des Modells** – hier unterscheidet es sich von anderen Verfahren! Daher sind die Testierungsstelle und deren Gutachtende zugleich »Prüfer« und »Entwicklungshelfer«.

Um Prozesssicherheit und Rollenklarheit in diesem Verfahren zu gewährleisten, wurde ein systematisches Verfahren des Gutachtereinsatzes und der Gutachtenkontrolle eingeführt. Selbstverständlich ist dafür gesorgt, dass im Begutachtungsverfahren keine Personen eingesetzt werden, die den betreffenden Bildungsanbieter in den vergangenen Jahren beraten haben.

Der Prüfanteil des Gutachtens besteht in der Kontrolle, ob alle im LQB-Modell definierten Anforderungen erfüllt wurden. Vom Umfang her macht dies etwa ein Drittel des Gutachtens aus. Dieser Teil prüft bei allem Wohlwollen und aller Wertschätzung genau.
Der weitaus größere Teil des Gutachtens sind Kommentare und Anmerkungen zum Selbstreport und zum Qualitätsprozess. In diesem Teil ist der Text ein Beratungsgutachten mit einer Fülle von Rückspiegelungen und Kommentaren sowie Hinweisen, Vorschlägen und Ideen für die weitere Organisations- und Qualitätsentwicklung. Was davon die Bildungsanbieter aufgreifen, entscheiden sie allerdings selbst.

Die **Entwicklungsunterstützung von LQB** drückt sich in folgenden Sachverhalten aus:

- Das Einführungsgespräch gibt Erklärungen und Unterstützung für die Arbeit am Selbstreport.

- Die Tabellen der Qualitätsbereiche (vgl. Kap. 17) mit ihren jeweiligen Anforderungen können als Check- und Planungslisten bei der internen Qualitätsentwicklung und der Selbstevaluation benutzt werden.

- Im Prozess der Erstellung des Selbstreports wird Wissen verschriftlicht, das oftmals nur informell gewusstes ist, wodurch die Prozesssicherheit der internen Ablauforganisation erhöht wird. Der Selbstreport ist zugleich als Handbuch zur Strukturierung der Alltagsarbeit und zur internen Qualitätssicherung durch die Mitarbeiterinnen und Mitarbeiter, die im Rahmen der Bildungsveranstaltung beschäftigt sind, nutzbar. Außerdem ist er Reflexionsinstrument der eigenen Praxis.

- Das Gutachten zum Selbstreport besteht aus einem knapperen Teil mit Aussagen zur Erfüllung der Mindestanforderungen und aus einem ausführlichen Anmerkungs- und Empfehlungsteil zu gesichteten Stärken, Entwicklungspotenzialen und Verbesserungsmöglichkeiten.

- Das Rückmeldegespräch ist eine die Begutachtung ergänzende Begehung, bei der offene Fragen des/der Gutachtenden geklärt, ergänzende Nachweise geprüft und Gespräche mit Leitung, Mitarbeitenden und ggf. auch mit Teilnehmenden geführt werden. Es werden also nicht nur Kontrollen durchgeführt, sondern auch ausführliche Rückmeldungen des/der Gutachtenden diskutiert und Empfehlungen für etwaige Nacharbeiten gegeben, wenn das Testat nicht erteilt werden konnte.

- Bei der Testierungsstelle gibt es eine Hotline – telefonisch und via E-Mail –, über die Bildungsanbieter im Prozess der Qualitätsentwicklung unmittelbar Rückfragen stellen können. Die Fragen werden von der Testierungsstelle zeitnah und individuell beantwortet.

Weiterhin können Bildungsanbieter, die sich für LQB anmelden, Serviceleistungen, die die Testierungsstelle im Bereich LQW anbietet, wie z.B. die Arbeitshilfen, nutzen. Die entsprechenden Informationen finden sich auf der LQW-Internetseite (www.artset-lqw.de).

Teil C: Qualitätsbereiche und Anforderungen

16. Allgemeine Erläuterungen zu den Qualitätsbereichen und den Anforderungen

Lernprozesse von Individuen sind selbstgesteuert und nicht planbar. Daher besteht die Aufgabe von Pädagogen darin, den Kontext für diese selbstgesteuerten Prozesse bzw. die Bedingungen der Möglichkeit des Lernens optimal zu gestalten. Die Lernerorientierte Qualitätstestierung versteht sich vor diesem Hintergrund als Möglichkeit zur Kontextsteuerung. Kontextsteuerung bedeutet, alle Prozesse der Organisation von Bildung unter dem Kriterium einer optimalen Unterstützung des Lernens zu durchleuchten und aufeinander abzustimmen.

Bei LQB sind die Kontextbedingungen des Lernens in Form von Qualitätsbereichen strukturiert.
Die Qualitätsbereiche des LQB-Modells folgen im Prinzip dem pädagogischen Prozess der Planung einer Bildungsveranstaltung. Dieser geht aus von einer Selbstverständigung des Anbieters (QB 1 Selbstverständnis des Anbieters). Eine weitere Voraussetzung, um die Bildungsveranstaltung durchführen zu können, sind Verfahren der Kundenkommunikation (QB 2 Kundenkommunikation) sowie eine Analyse der Zielgruppenbedürfnisse (QB 3 Bedarfserschließung/Zielgruppenbedürfnisse). So sind mit den ersten drei Qualitätsbereichen die grundlegenden Rahmenbedingungen für die inhaltliche Planung der Bildungsveranstaltung beschrieben. Eine Definition gelungenen Lernens (QB 4 Definition gelungenen Lernens) und die Ausformulierung konkreter Ziele (QB 5 Ziele) sind die nächsten Schritte und die Voraussetzung für die konkrete inhaltliche Konzeption (QB 6 inhaltliche Konzeption). Hieran schließen sich Planung der Rahmenbedingungen zur Durchführung des Lehr-Lern-Prozesses (QB 7 Qualität der Lehrenden und QB 8 Infrastruktur) sowie die Planung der Verfahren zur Auswertung der Bildungsveranstaltung (QB 9 Evaluation und QB 10 Finanzielle Planung/Controlling) an.

Auf den (in Kap. 17) folgenden Arbeitsblättern sind die oben genannten Qualitätsbereiche aufgeführt, die die Planung einer Bildungsveranstaltung anleiten können und die für die Testierung einer Bildungsveranstaltung auf jeden Fall zu bearbeiten sind.
Die 10 Qualitätsbereiche können selbstbestimmt durch optionale Qualitätsbereiche ergänzt werden. Diese können ergänzend auf Besonderheiten einzelner Bildungsangebote hinweisen. Wenn eine Fort- oder Weiterbildung z.B. ein Praktikum oder ein Praxisprojekt beinhaltet, dann könnten die Aufgaben und Verfahren, die der Bildungsanbieter zur Betreuung und Organisation dieses Projekts durchführt, in einem weiteren Qualitätsbereich beschrieben werden.

Jedes Arbeitsblatt ist nach gleichem Schema aufgebaut:

- Im Kopf der Tabelle ist in einer **Definition** zunächst festgehalten, wie der jeweilige Qualitätsbereich zu verstehen ist. Damit werden die inhaltlichen Grundlagen gelegt und der Rahmen **für ein gemeinsames Qualitätsver-**

ständnis im Bearbeitungs- und Begutachtungsprozess geschaffen. Die Definitionen dienen dazu, das alltägliche Arbeitshandeln im Allgemeinen und die Qualitätsentwicklung im Besonderen an diesem gemeinsamen Verständnis zu orientieren.

- Die jeweilige Definition wird in der ersten Spalte durch **Spezifikationen** verdeutlicht und konkretisiert. Dies sind beispielhafte Einzelelemente des Qualitätsbereichs, die strukturbildend und handlungsleitend für die Qualitätsentwicklung sein können. Es handelt sich gewissermaßen um Arbeitsfelder und »Baustellen«, in bzw. auf denen bei der Verbesserung der Qualität gearbeitet werden kann. Die Spezifikationen haben **erklärende Funktion** für die Qualitätsbereiche. Die Liste der Spezifikationen ist nicht abschließend; sie kann – und sollte – ergänzt werden. Die Spezifikationen sind Verständnishilfen, gewissermaßen Operationalisierungsangaben zu den Definitionen. Sie sind keine Mindestanforderungen und damit **keine Prüfgrundlagen**. Eine Ausnahme besteht in Qualitätsbereich 1, weil hier die Spezifikationen ausdrücklich als Anforderungen übernommen sind.

- Die zweite Spalte ist für den Prüfanteil der Testierung die entscheidende, weil hier die **Anforderungen** der nachzuweisenden Qualität angegeben werden. Diese stellen Mindestanforderungen dar; ihre Erreichung ist im Testierungsverfahren durch den Bildungsanbieter zwingend nachzuweisen. Die Anforderungen sind Gegenstand des Selbstreports und der externen Evaluation. Die Anforderungen sind nicht verhandelbar; sie **müssen erfüllt werden**. Die Erfüllung der Anforderungen ist die Voraussetzung einer erfolgreichen Testierung.

Das **Selbstverständnis des Anbieters** sowie die veranstaltungsspezifische **Definition gelungenen Lernens** sind die Bezugspunkte für die gesamte Qualitätsentwicklung. Es muss in den verschiedenen Qualitätsbereichen erkennbar sein, dass das Selbstverständnis und die Definition gelungenen Lernens den »roten Faden« der Qualitätsentwicklung bilden.
In einigen Qualitätsbereichen ist die Rückbegründung in Bezug auf das Selbstverständnis des Anbieters und die Definition gelungenen Lernens explizit in Form einer Anforderung verlangt.

Die **Anforderungen des Lernerorientierten Qualitätsmodells** weisen eine Besonderheit auf. Es wurden formale Anforderungen formuliert, ohne den Bildungsanbieter auf eine bestimmte inhaltliche Ausgestaltung festzulegen. Dies ist auch der Grund, warum wertorientierte Aussagen vermieden wurden. Es handelt sich bei dem Qualitätsmodell um ein »technisches« Instrument, das unabhängig von der Wertorientierung des Anbieters angewendet werden können muss. Dem Bildungsanbieter ist jedoch freigestellt, seine spezifische Wertorientierung selbst im Modell zu realisieren. So wird zum Beispiel im Qualitätsbereich 1 festgelegt, zu welchen Aspekten seines Selbstverständnisses der Bildungsanbieter Auskunft geben muss, aber eben nicht, worin inhaltlich die eigenen Selbstaussagen bestehen. Aussagen zur anbieterspezifischen Wertorientierung sind hier explizit gefordert. Auf diese Weise können Verbindlichkeit der Qualitätsanforderungen, veranstaltungsübergreifende Vergleichbarkeit und

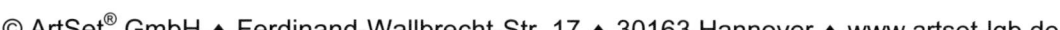

veranstaltungsindividuelle Freiheit in der inhaltlichen Ausgestaltung kombiniert werden. Die Anforderungen sind gewissermaßen die Gefäße, die gefüllt werden müssen, wobei es unterschiedliche Inhalte und auf einer Mindestbasis unterschiedliche Füllmengen geben kann. Dem entspricht auch ein nicht normatives Begutachtungsverfahren, das nicht eigene inhaltliche Setzungen überprüft, sondern die Stimmigkeit und Begründetheit sowie die eingeführte Systematik der inhaltlichen Selbstfestlegungen des Bildungsanbieters.

Die verpflichtenden 10 Qualitätsbereiche können selbstbestimmt durch **optionale Qualitätsbereiche** ergänzt werden.

Als ergänzende Arbeitshilfe sind zu jedem Qualitätsbereich eine **Begründung und Erläuterungen** gegeben. Hier wird vertiefend auf den Nutzen und Inhalt der Qualitätsbereiche eingegangen. Es werden Begriffe und Formulierungen geklärt und Bearbeitungsmöglichkeiten für die Anforderungen aufgezeigt. Diese Ergänzung ist im Sinne eines Glossars als Unterstützung für die Arbeit am Selbstreport zu verstehen.

17. Die Tabellen der Qualitätsbereiche

Qualitätsbereich 1:
Selbstverständnis des Anbieters
Im Selbstverständnis des Anbieters sind alle für die Bildungsveranstaltung relevanten Aussagen über das Profil der Anbieterorganisation zusammengefasst. Als organisations-intern vereinbarte Selbstbeschreibung leitet das Selbstverständnis das pädagogische und organisatorische Handeln in Bezug auf die Bildungsveranstaltung an. Für Kunden wird dadurch der Kontext und das Profil des Bildungsangebots erkennbar.

Spezifikationen	Anforderungen
Identität Werte und Menschenbild allgemeine Ziele des Anbieters Fähigkeiten Leistungen Kunden: Auftraggeber und Teilnehmende	Das Selbstverständnis des Anbieters mit Aussagen zu allen Spezifikationen ist schrift-lich expliziert. Der Selbstreport weist aus, welche Aspekte des Selbstverständnisses für die Bildungs-veranstaltung relevant sind. Das Selbstverständnis ist intern kommuni-ziert und extern veröffentlicht.

Begründung für den Qualitätsbereich

Jedem pädagogischen und organisatorischen Handeln bei der Planung und Durchführung einer Bildungsveranstaltung liegt ein **Selbstverständnis** zugrunde, das entweder implizit vorhanden oder explizit formuliert ist, sich aber in jedem Fall auf die Gestaltung des Prozesses auswirkt. Indem dieses Selbstverständnis schriftlich niedergelegt wird, findet eine Selbstverständigung und Vereindeutigung des Anbieters in Bezug auf die eigene Identität und den eigenen Auftrag, in Bezug auf Werte, Persönlichkeitsmodelle und Menschenbilder, allgemeine Ziele, Visionen, Kompetenzen, Fähigkeiten, Leistungen sowie Adressaten und Kunden statt. Damit werden der Kontext und die normative Haltung der Bildungsveranstaltung verdeutlicht. Der Anbieter kann sich auf diese Weise im Verlauf des Prozesses einer Bildungsveranstaltung immer wieder auf das eigene Selbstverständnis beziehen und sich damit an den eigenen Zielen, Werten, Erfahrungen und Stärken orientieren. So dient das Selbstverständnis als »roter Faden« für eine in sich stimmige Gestaltung der Bildungsveranstaltung. Für Kunden ermöglicht dieses explizierte Selbstverständnis, sich ein Bild des potenziellen Partners zu machen und abzugleichen, ob die dargestellten Ziele, Werte, Menschenbilder den eigenen entsprechen und ob die beschriebenen Kompetenzen, Fähigkeiten und Leistungen dem eigenen Anspruch gerecht werden.

Erläuterungen zu den Spezifikationen

„**Identität**": Wer sind wir? In welchen Rahmen, welche Trägerstruktur sind wir eingebettet?

„**Werte**": Wofür stehen wir? Welche Werte und welches Menschenbild leiten unser Handeln?

„**Allgemeine Ziele des Anbieters**": Was sind die Unternehmensziele des Anbieters? Was ist sein Auftrag, seine Mission?

„**Fähigkeiten**": Was können wir? Über welche Kompetenzen, welches »know how« verfügen wir?

„**Leistungen**": Was, welche Produkte und Dienstleistungen, bieten wir?

„**Kunden: Auftraggeber und Teilnehmende**": Für welche Organisationen und Institutionen arbeiten wir (Auftraggeber)? Wer kommt real in unsere Bildungsveranstaltungen (Teilnehmende)?

Erläuterungen zu den Anforderungen

Achtung: In diesem Qualitätsbereich sind ausnahmsweise die Spezifikationen als Anforderungen übernommen!

„**Der Selbstreport weist aus, welche Aspekte des Selbstverständnisses für die Bildungsveranstaltung relevant sind.**" Das heißt, im Selbstreport wird beschrieben, welches allgemeine Ziel des Bildungsanbieters durch die Bildungsveranstaltung vor allem realisiert werden soll oder welche der Fähigkeiten dafür relevant sind etc.

Qualitätsbereich 2: **Kundenkommunikation / Kundenorientierung** Kundenkommunikation umfasst Verfahren, mit denen die Beziehung zu den Kunden gestaltet wird. Dies schließt neben der Kundengewinnung auch die Kundenbetreuung und -pflege ein. Durch die Verfahren der Kundenkommunikation ist geregelt, auf welchen Wegen der Anbieter in Austausch mit den Kunden tritt, d.h. zum Beispiel wie potenzielle Kunden vom Anbieter erfahren und wie ein Informationsaustausch gestaltet wird.

Spezifikationen	Anforderungen
Kunden: Kundengewinnung, Kundenberatung, Kundenpflege Geschäftsbedingungen, Verbraucherschutz, Datenschutz Beschwerdemanagement Beratung, Auftragsklärung Service Kundendateien Kundeninformationen über: • Inhalte, Ziele, Didaktik und Methodik des Bildungsangebots • Anmeldeverfahren • Teilnahmeregelungen • Zulassungsvoraussetzungen • Serviceleistungen • Beratungsmöglichkeiten • Beschwerdemöglichkeiten • Lehrkräfte und Personal • Prüfungsmodalitäten • Lernorte • Haus- und Raumpläne • Trägerschaft und Rechtsform • Referenzen des Bildungsanbieters • etc.	Geschäftsbedingungen für die Bildungsveranstaltung inklusive Rücktritts- und Kündigungsrechten sowie ggf. Ferienregelungen sind vollständig dokumentiert und veröffentlicht. Die wichtigsten Kundenkommunikationsverfahren sind begründet und beschrieben. Verbindliche Anmeldeverfahren sind definiert und stehen bereit. Möglichkeiten für Kunden, sich über die Bildungsveranstaltung zu informieren, sind gegeben. Eine Begründung für Inhalte und Formen der Kundeninformation liegt vor. Beschwerdemöglichkeiten sind für Teilnehmende und Auftraggeber gegeben und kommuniziert. Ein Konzept für die Auswertung von Beschwerden und das Ziehen von Konsequenzen liegt vor.

Begründung für den Qualitätsbereich

Die Qualität der **Kundenkommunikation** entscheidet darüber, wie der Bildungsanbieter und das Bildungsangebot von unterschiedlichen Kundengruppen wahrgenommen und bewertet werden.

Ziel ist, dass alle relevanten Informationen rund um das Bildungsangebot die verschiedenen Abnehmer und Partner angemessen erreichen. Dazu müssen die eingesetzten Kommunikationsverfahren dem Kontext der Bildungsveranstaltung und den Bedürfnissen der angesprochenen Kunden- bzw. Zielgruppen entsprechen. Kundenorientierung bedeutet in diesem Zusammenhang, den Kunden als Partner anzusehen und die eigenen Angebote sowie die Kommunikationswege am Kunden orientiert zu gestalten. Durch die Kundeninformationen bezüglich des Bildungsangebots und der Anbieterorganisation sollen potenziellen Teilnehmenden die für sie relevanten Entscheidungskriterien für die Auswahl einer Bildungsveranstaltung zur Verfügung gestellt werden.

Genauso wie die Festlegungen in Bezug auf ein Selbstverständnis sind die Verfahren der Kundenkommunikation rahmende Voraussetzungen für die Planung und Durchführung einer Bildungsveranstaltung und weisen zahlreiche Schnittstellen zur Gesamtorganisation auf.

Erläuterungen zu den Anforderungen

„Die wichtigsten Kundenkommunikationsverfahren sind begründet und beschrieben." Kundenkommunikationsverfahren umfassen die Verfahren, Instrumente und Wege, mit denen sowohl der Bildungsanbieter in Kontakt mit dem Kunden tritt als auch der Kunde in Kontakt mit dem Anbieter treten kann. Welches die wichtigsten Kundenkommunikationsverfahren sind, entscheidet, beschreibt und begründet jeder Bildungsanbieter selbst. Gemeint sind hier keine technischen Geräte, wie Telefon, Fax, E-Mail, sondern definierte Prozesse des Umgangs mit den Kunden, z.B. festgelegte und kommunizierte (Telefon)Sprechzeiten.

Die **„Begründung für Inhalte und Formen der Kundeninformation"** ergibt sich aus den Interessen- und Bedürfnislagen aus der Perspektive der Kunden. Was müssen sie wissen, um sich begründet für die Bildungsveranstaltung oder den Anbieter entscheiden zu können? Anregungen, worüber informiert werden könnte, bietet die entsprechende Liste bei den Spezifikationen.

Qualitätsbereich 3:
Bedarfserschließung / Zielgruppenbedürfnisse
Bedarfserschließung meint die Anwendung geeigneter Instrumente zu systematischen Marktbeobachtungen hinsichtlich der Entwicklung der gesellschaftlichen Bedarfe, der institutionellen Bedarfe der Kundenorganisationen und der individuellen Bildungsbedürfnisse der Adressaten. Diese Bedürfnisse, Bedarfe und Trends sowie der eigene institutionelle Auftrag dienen als Grundlage der Angebotsentwicklung. Der konkrete Prozess der Planung einer Bildungsveranstaltung setzt ein, wenn Informationen über Bildungsbedarfe und Lernbedürfnisse analysiert werden und auf dieser Grundlage Aussagen in Bezug auf eine Zielgruppe und deren Lernbedürfnisse getroffen werden. Dabei gleicht der Anbieter die Informationen mit den eigenen Potenzialen und Zielen ab.

Spezifikationen	**Anforderungen**
Informationen über gesellschaftliche Entwicklungstrends	Gegenstände, Verfahren, Rhythmus und Umfang der Bedarfserschließung sind beschrieben und in Bezug auf das Selbstverständnis des Anbieters begründet.
Informationen über Qualifizierungs-/ Lernbedürfnisse in der Zielgruppe	Die Ergebnisse sind dokumentiert.
Informationen über Bedarfe von Kundenorganisationen	Die Zielgruppe ist definiert.
innovative Konzeptentwicklung als Folge der Marktbeobachtung	Die Besonderheiten und Lernbedürfnisse der Zielgruppe sind beschrieben.
arbeitsmarktrelevante und regionale Entwicklungen	Die Zielgruppe ist in Bezug auf das Ergebnis der Bedarfserschließung und in Bezug auf das Selbstverständnis des Anbieters begründet.

Begründung für den Qualitätsbereich

Verfahren der **Bedarfserschließung** ermöglichen es, Informationen aus der Umwelt – das beinhaltet gesellschaftliche Trends ebenso wie individuelle Bedürfnisse von Teilnehmenden und institutionelle Bedarfe von Kundenorganisationen – systematisch zu sammeln und Veränderungen in Bezug auf Bedarfe und den Markt zu beobachten. Dieses Wissen ist notwendig, um **Zielgruppen** zu definieren und deren Bedürfnisse und Wissensstände als Ausgangspunkt und Grundlage pädagogischer Arbeit zu nehmen und um maßgeschneiderte Bildungsangebote entwickeln zu können.
Kontinuierlich gewonnene Informationen aus der Bedarfserschließung bieten darüber hinaus die Basis, um das Konzept der Bildungsveranstaltung in regelmäßigen Abständen einer Revision zu unterziehen und es aktuell zu halten.

Erläuterungen zu den Spezifikationen

„**Informationen über Qualifizierungs-/Lernbedürfnisse in der Zielgruppe**": Gemeint sind Informationen über die individuellen Bedürfnisse von Menschen, d.h. es wird die Perspektive realer Teilnehmender und potenzieller individueller Kunden – die insgesamt die Zielgruppe bilden – erhoben. Was ist ihre Motivation für die Bildungsveranstaltung? Welche Fähigkeiten, Erfahrungen bringen sie mit? Welche beruflichen und gesellschaftlichen Anforderungen werden an sie gestellt?

„**Informationen über Bedarfe von Kundenorganisationen**": Gemeint sind hier nicht Bedürfnisse von Individuen, sondern Bedarfe von Unternehmen, Verwaltungen etc., also von auftraggebenden Organisationen bzw. institutionellen Kunden.

Erläuterungen zu den Anforderungen

„**Gegenstände, Verfahren, Rhythmus und Umfang der Bedarfserschießung sind beschrieben und in Bezug auf das Selbstverständnis des Anbieters und begründet.**" Diese Anforderung verweist darauf, dass der Bildungsanbieter die für die Bildungsveranstaltung relevanten Fragestellungen, die geeigneten Methoden, den sinnvollen Turnus und das erforderliche Ausmaß der Bedarfserschließungen selbst bestimmen und begründen muss. Mögliche Felder der Bedarfserschließung sind in den Spezifikationen genannt. Es müssen nicht immer eigene Analysen durchgeführt werden; auch eine Sekundäranalyse von Untersuchungen Dritter kann geeignet sein. In diesem Qualitätsbereich muss der Selbstreport inhaltliche Aussagen machen und nicht nur Verfahren beschreiben. Das heißt, auch über die Ergebnisse der Bedarfserschließung soll (zumindest zusammengefasst oder beispielhaft) berichtet werden.

„**Die Besonderheiten und Lernbedürfnisse der Zielgruppe sind beschrieben.**" Als Grundlage für die Planung einer Bildungsveranstaltung ist an dieser Stelle die Charakterisierung der Zielgruppe als Ganzer gefragt. Typische, häufig auftretende Lernbedürfnisse und Besonderheiten in der Zielgruppe sollen beschrieben werden, um sie in der weiteren Planung der Bildungsveranstaltung berücksichtigen zu können.

Qualitätsbereich 4:

Definition gelungenen Lernens

Die Definition gelungenen Lernens ist eine Selbstauskunft des Anbieters darüber, was er in Bezug auf den Verlauf und die Ergebnisse des Lehr-Lern-Prozesses idealerweise anstrebt. Mit der Definition gelungenen Lernens expliziert der Anbieter seine Vorstellung vom idealen Verlauf und Ergebnis des Lernens. Er formuliert damit eine regulierende Idee, die als handlungsleitend für den gesamten Prozess der Planung, Durchführung und Evaluation der Bildungsveranstaltung gilt. Gelungenes Lernen bemisst sich grundsätzlich an der Erweiterung der Handlungsfähigkeit der Lernenden.

Spezifikationen	Anforderungen
Definition gelungenen Lernens Handlungsfähigkeit der Subjekte Aspekte des Lernens • intellektuell-rational • emotional-motivational • sozial • organisational-technisch Prozess und Ergebnis des Lernens Erfolgsfaktoren des Lernens	Eine Definition gelungenen Lernens für die Bildungsveranstaltung liegt vor. Die Definition gelungenen Lernens ist gegenüber den Kunden kommuniziert. Die Definition gelungenen Lernens ist gegenüber allen intern Beteiligten kommuniziert.

Begründung für den Qualitätsbereich

Mit der **Definition gelungenen Lernens** formuliert der Bildungsanbieter eine Vision, ein Ideal. Er beschreibt seine Vorstellung davon, was im denkbar besten Fall von den Lernenden unter den denkbar besten Voraussetzungen und Bedingungen erreicht werden kann. Dieses Ideal hat die Aufgabe, die Praxis des Bildungsanbieters zu leiten, seinem Handeln eine Richtung zu geben. Auch wenn sich im Verlauf des Lehr-Lern-Prozess die Ziele verändern können, bleibt die Definition gelungenen Lernens als übergreifender Bezugspunkt bestehen. Damit bildet sie den »roten Faden« für die Planung des Lehr-Lern-Prozess.
Nach außen ist die Definition ein Leistungsversprechen gegenüber potenziellen Kunden. Damit drückt sie das pädagogische Selbstverständnis des Bildungsanbieters aus. Die Definition gelungenen Lernens kann für alle an der Bildungsveranstaltung Beteiligten und in allen Phasen – von der Planung über die Durchführung bis zur Evaluation – als Bezugspunkt für Verständigungs- und Reflexionsprozesse dienen.

Erläuterungen zu den Spezifikationen

„Definition gelungenen Lernens": Wann hat nach unserer Auffassung, im Kontext des spezifischen Auftrags der Bildungsveranstaltung und der besonderen Zielgruppe gelungenes Lernen stattgefunden? Was ist das Lernergebnis im denkbar besten Fall? Wie verhalten sich die Lernenden im Lehr-Lern-Prozess idealerweise?

„**Intellektuell-rationale Aspekte**" sind Klarheit über Lehr- und Lernziele, gedankliche Durchdringung/Verständnis zuvor unverstandener Sachverhalte, Zugewinn an Wissen, Neu-/Umdenken bisherigen Wissens, Entwickeln neuer Werturteile etc. „**Emotional-motivationale Aspekte**" umfassen eigene Lernbedürfnisse, subjektive Lerngründe, Interesse am Lerngegenstand, den emotionalen Bezug, Selbstbestimmung, Spaß an der Erkenntnis, Selbstdisziplin, Zugewinn an persönlicher Selbstsicherheit und Stärke etc. „**Soziale Aspekte**" betreffen den Austausch mit Anderen, wechselseitiges Erklären, Motivation durch das Interesse Anderer, Kommunikationsverhalten/-techniken, Unterstützung in Phasen, wo es auf das Durchhalten ankommt, Vorbildfunktion, Hilfe und Beratung durch Lehrende etc. „**Organisational-technische Aspekte des Lernens**" sind Aspekte wie die Verwendung von Lerntechniken, die Planung und Strukturierung des eigenen Lernprozesses, Umgangsweisen mit Lernwiderständen, Zeitmanagement, Entspannungspausen etc.

Erläuterungen zu den Anforderungen

„**Die Definition gelungenen Lernens ist gegenüber den Kunden kommuniziert.**" Entsprechend den Besonderheiten der jeweiligen Kundengruppen (Auftraggeber, Kooperationspartner, Unternehmen, potenzielle Teilnehmende) kann es sinnvoll sein, die Definition gelungenen Lernens jeweils zielgruppenangemessen sprachlich zu modifizieren. Wichtig ist, dass in unterschiedlichen Formen der Kommunikation der Definition gelungenen Lernens jeweils die gleichen Inhalte in Bezug auf das Gelingen des Lehr-Lern-Prozesses ausgesagt werden.

Qualitätsbereich 5:
Ziele
Die Bestimmung von Zielen einer Bildungsveranstaltung orientiert sich an den konkreten Handlungsanforderungen im Lebenskontext der Teilnehmenden sowie am Selbstverständnis des Bildungsanbieters und an der Definition gelungenen Lernens. Ziele können auf unterschiedliche Weise abgestuft und geordnet werden. Eine klare Zielanalyse, in der Ziele eindeutig und anschaulich beschrieben sind, ist der Ausgangspunkt für die Konzeption und die Evaluation von Bildungsveranstaltungen.

Spezifikationen	**Anforderungen**
Lehr-/Lernziele Grob- und Feinziele Zielebenen: • fachliche Ziele • soziale Ziele • personale (inklusive lernstrategische) Ziele Zieltaxonomie betriebliche Weiterbildung: • Unternehmensziele • Balanced Score Card berufliche Weiterbildung: • Bezug zum Arbeitsmarkt • Beschäftigungsfähigkeit	Konkrete Ziele der Bildungsveranstaltung sind formuliert. Eine Begründung der Ziele der Bildungsveranstaltung in Bezug auf das Selbstverständnis des Anbieters und die Definition gelungenen Lernens liegt vor. Eine Begründung der Ziele der Bildungsveranstaltung in Bezug auf die Besonderheiten und Lernbedürfnisse der Zielgruppe liegt vor. <u>betriebliche Weiterbildung:</u> Der Bezug der Ziele der Bildungsveranstaltung zur Unternehmensstrategie und den Unternehmenszielen ist beschrieben. <u>berufliche Weiterbildung:</u> Der Bezug der Ziele der Bildungsveranstaltung zu arbeitsmarktrelevanten und regionalen Entwicklungen ist beschrieben.

Begründung für den Qualitätsbereich

Auf der Grundlage der Lernbedürfnisse der Zielgruppe sowie der Definition gelungenen Lernens werden die konkreten **Ziele** der Bildungsveranstaltung ausgearbeitet. Dabei gehen die Zielformulierungen von der Definition gelungenen Lernens aus und brechen diese auf eine realistisch erreichbare Dimension herunter bzw. spezifizieren sie in fachlicher Hinsicht.

Bezugspunkt für die Definition der Ziele sind die konkreten Handlungsanforderungen im Lebens- und/oder Arbeitskontext der Teilnehmenden. Je größer die Übereinstimmung zwischen den Zielformulierungen der Weiterbildungsveranstaltung und den Lernbedürfnissen und subjektiven Lernzielen der Teilnehmenden, desto motivierter werden die Teilnehmenden als Lernende die gesetzten Ziele für sich übernehmen und desto erfolgreicher werden sie im Rahmen der Bildungsveranstaltung lernen. Dies macht deutlich, wie wichtig es ist, die individuellen Lernbedürfnisse möglichst konkret zu erheben. Sowohl für die Planung als auch für die Durchführung und Evaluation der Bildungsveranstaltung stellen die anfangs formulierten Ziele einen entscheidenden Bezugspunkt dar. Eine klare Zielanalyse, in der Ziele eindeutig und anschaulich formuliert sind, bietet Handlungs- und Entscheidungssicherheit für die folgenden Prozessschritte. Im Verlauf des Lehr-Lern-Prozesses kann auch begründet von den anfangs gesetzten Zielen abgewichen werden.

Erläuterungen zu den Spezifikationen

„**Zieltaxonomie**" ist eine Ordnung oder Strukturierung von Zielen. In einer Zieltaxonomie können Grob- und Feinziele, (hierarchische) Zielebenen oder Zielbereiche wie fachliche, soziale und personale Ziele unterscheiden, übersichtlich geordnet und abgebildet werden. Eine Zieltaxonomie kann z.B. die Form einer Tabelle oder Liste haben.

Die „**Balanced Scorecard**" ist eine ganzheitliche, ziel- und kennzahlenorientierte Managementmethode. Dabei werden strategische Ziele aus der Perspektive unterschiedlicher Unternehmensbereiche betrachtet und jeweils in operative Ziele heruntergebrochen. Im Rahmen einer Balanced Scorecard können Ziele betrieblicher Weiterbildungsmaßnahmen systematisch in Beziehung zu den Unternehmenszielen gesetzt werden.

Erläuterungen zu den Anforderungen

Achtung: Die unterstrichenen Anforderungen gelten nur für Bildungsveranstaltungen, die als betriebliche bzw. berufliche Weiterbildung durchgeführt werden!

Qualitätsbereich 6: **Inhaltliche Konzeption** In der Konzeption ist konkret beschrieben, durch welche Mittel und Wege die Erreichung der Lehr- und Lernziele der Bildungsveranstaltung umgesetzt werden soll. Hier geht es um die detaillierte inhaltliche Planung der Bildungsveranstaltung in all ihren Aspekten.	
Spezifikationen	**Anforderungen**
Lehr-/Lernziele	Die inhaltliche Konzeption des Lehr-Lern-Prozesses ist in ihren relevanten Spezifikationen beschrieben und begründet.
Lehrinhalte	
Didaktik und Methodik	Die Konzeption ist auf die Besonderheiten und Lernbedürfnisse der Zielgruppe abgestimmt.
Einsatz von Lernmaterial	
Medien- und Interaktionsdesign	Vollständige und zielgruppenangemessene Information für die Lernenden über die Definition gelungenen Lernens, Inhalte, Ziele, Arbeitsformen, Lehrende sowie über notwendige Lernvoraussetzungen und Prüfungsmodalitäten ist gegeben.
zeitlicher Rahmen	
Transparenz bezogen auf Ziele, Inhalte, Arbeitsformen und Lehrende	
dem Lernkontext angemessene Einflussnahme der Lernenden auf Inhalte, Ziele und Arbeitsformen	Möglichkeiten für eine dem Lernkontext angemessene Einflussnahme der Lernenden auf Inhalte, Ziele und Arbeitsformen sind in der Konzeption berücksichtigt.
Planung von Feedback- und Entwicklungsstanderhebungen der Lernenden im Verlauf der Veranstaltung	Notwendige praktische Lernphasen sind im erforderlichen Umfang integriert.
Methoden zur Förderung individueller Lernprozesse	Beobachtbare Indikatoren für gelungenes Lehrverhalten sind beschrieben.
Zeit zum übenden Anwenden	Beobachtbare Indikatoren für gelungenes Lernverhalten sind beschrieben.
Ermöglichung von selbstorganisiertem Lernen	
Maßnahmen zur Unterstützung des Transfers	
ggf. Tests und Prüfungen	
ggf. Vorbereitung auf einen Abschluss mit Zeugnis/Zertifikat	

Begründung für den Qualitätsbereich

Die **inhaltliche Konzeption** bildet das Kernstück für die Bereitstellung des Bildungsange-bots. Hier werden die Strukturen, Inhalte und Vorgehensweisen für die Durchführung des Lehr-Lern-Prozesses beschrieben. Durch die inhaltliche Konzeption sind die Bedingungen definiert, die im Rahmen der Bildungsveranstaltung am stärksten Einfluss auf die Lehr-Lern-Interaktion nehmen – obwohl auch hier gilt, dass eine direkte Steuerung des Lehr-Lern-Prozesses nicht möglich ist. Alle anderen Qualitätsbereiche stehen mit der inhalt-lichen Konzeption in einem Verweisungszusammenhang. Die Qualität der inhaltlichen Konzeption hängt davon ab, inwieweit sie es ermöglicht, an konkrete Lernbedürfnisse und Interessenlagen der Lernenden anzuknüpfen. Eine kontinuierliche Wahrnehmung und Re-flexion der subjektiven Lernbedürfnisse der Teilnehmenden ist dabei ein wichtiger Aspekt, so dass sich eine enge Schnittstelle zwischen inhaltlicher Konzeption und der (Prozess-) Evaluation ergibt.

Erläuterungen zu den Anforderungen

„Die Konzeption ist auf die Besonderheiten und Lernbedürfnisse der Zielgruppe ab-gestimmt." Diese Anforderung zielt darauf, in der Konzeption die Ergebnisse aus der Be-darfserschließung zu berücksichtigen bzw. Konsequenzen daraus abzuleiten.

„Vollständige und zielgruppenangemessene Information für die Lernenden über die Definition gelungenen Lernens, Inhalte, Ziele, Arbeitsformen, Lehrende sowie über notwendige Lernvoraussetzungen und Prüfungsmodalitäten ist gegeben." Die For-derung nach Information zielt auf Transparenz für die Lernenden im Lehr-Lern-Prozess. Auf dieser Basis können sie das Konzept mit ihren Erwartungen abgleichen, sich auf den Lehr-Lern-Prozess einstellen und einlassen und eigene Wünsche in Bezug auf die weitere Gestaltung des Lehr-Lern-Prozesses formulieren.

„Beobachtbare Indikatoren" sind Konkretisierungen bzw. Operationalisierungen der De-finition gelungenen Lernens und der Ziele der Bildungsveranstaltung. Darin ist beschrie-ben, durch welches konkrete Verhalten der Lehrenden und der Lernenden das Gelingen des Lehr-Lern-Prozesses deutlich wird. Indikatoren sind konkrete, eindeutige, präzise und überprüfbare Zielformulierungen. Es sind Beschreibungen beobachtbaren Verhaltens, die die Fragen beantworten:

- An welchem Verhalten der Lernenden ist erkennbar, dass gelungenes Lernen stattfin-det bzw. die Lehr-Lern-Ziele erreicht werden?
- Welches konkrete Verhalten der Lehrenden ermöglicht gelungenes Lernen im Sinne unserer Definition? Woran ist gelungenes Lehrverhalten erkennbar?

Die Indikatoren dienen als Orientierung, Verständigung und Reflexion für Lehrende und Lernende. Als Leitfaden für Lehrende sind Indikatorenlisten nicht als zwingende Vorgabe zu verstehen, sondern als Hilfe, um situationsangemessen und begründet zu handeln. Außerdem können Indikatoren zur Evaluation des Lehr-Lern-Prozesses genutzt werden. Es gibt dabei meist nicht nur einen Indikator, um eine bestimmte Eigenschaft abzubilden, sondern eine Anzahl von Beobachtungsmerkmalen, die eine Eigenschaft umkreisen.

Qualitätsbereich 7:
Qualität der Lehrenden
Da Lernen ein selbstgesteuerter Prozess ist, besteht die Aufgabe der Lehrenden vor allem in der Gestaltung von Lernbedingungen und der Unterstützung der Lernenden. Der Qualitätsbereich Qualität der Lehrenden widmet sich den fachlichen, didaktisch-methodischen, sozialen, personalen und beraterischen Kompetenzen des pädagogischen Personals. Es müssen Kriterien für die Personalauswahl und Möglichkeiten der Förderung und Unterstützung von Lehrenden festgelegt werden. Die Anforderungen an die Lehrenden ergeben sich aus den Zielen des Bildungsanbieters und der inhaltlichen Konzeption.

Spezifikationen	Anforderungen
Anforderungsprofil Kompetenzen der Lehrenden: • fachliche Kompetenz • didaktisch-methodische Kompetenz • soziale Kompetenz • personale Kompetenz • Beratungskompetenz Kompetenzentwicklung der Lehrenden Personalauswahl/-einsatz Beratung und Förderung der Lehrenden durch das programmverantwortliche pädagogische Personal oder durch ein kollegiales Netzwerk Information und Abstimmung der Lehrenden untereinander und/oder mit dem programmverantwortlichen pädagogischen Personal	Ein Anforderungsprofil für Lehrende ist definiert. Die Kompetenzen und Qualifikationen der Lehrenden sind dokumentiert und gegenüber den Kunden kommuniziert. Fortbildung und Information der Lehrenden ist konzeptionell sichergestellt. Möglichkeit zu Beratung und Förderung der Lehrenden ist gegeben. Auswahlpraxis für Lehrende ist definiert. Vertretungsregelungen sind vorhanden. Eine Begründung der Maßnahmen zur Sicherung der Qualität der Lehrenden in Bezug auf das Selbstverständnis des Anbieters und die Definition gelungenen Lernens liegt vor.

Begründung für den Qualitätsbereich

Die **Qualität der Lehrenden** bestimmt die Qualität der Bildungsveranstaltung wesentlich. Nur für die jeweilige Bildungsveranstaltung gut qualifizierte Lehrende können anregende Lernanreize und Lernbedingungen schaffen und das Lernen optimal unterstützen. Dabei haben die Lehrenden die Aufgabe, die in der inhaltlichen Konzeption geplanten Maßnahmen in die Lehr-Lern-Interaktion einzubringen und zugleich die individuellen und aktuellen Bedürfnisse der Lernenden zu berücksichtigen. Um ihrer Rolle als Lernbegleiter gerecht zu werden, gehören neben Fachkompetenz und dem Arbeitsfeldwissen pädagogisches Grundwissen sowie Beratungskompetenzen zum Anforderungsprofil eines bzw. einer Lehrenden. Um Lernende in der Reflexion ihrer Lernschwierigkeiten und -erfolge unterstützen zu können, brauchen Lehrende (Selbst-)Reflexionsfähigkeit in Bezug auf Lehr-Lern-Prozesse. Daher müssen zum einen Kompetenzanforderungen für die Lehrenden definiert werden, die sich aus der inhaltlichen Konzeption und den Zielen der Bildungsveranstaltung ableiten. Zum anderen müssen, um Lehrenden selbst Reflexions- und Lernmöglichkeiten anzubieten und die Qualität der pädagogischen Arbeit im Lehr-Lern-Prozess zu sichern, Möglichkeiten der Fortbildung, Beratung und Förderung der Lehrenden geklärt sein.
Um Transparenz gegenüber den Kunden bzw. der Zielgruppe zu schaffen, muss eine Form für die Darstellung der Kompetenzen der Lehrenden gefunden werden.

Erläuterungen zu den Spezifikationen

Bei den Kompetenzen wird u.a. unterschieden zwischen **„sozialer und personaler Kompetenz"**. Soziale Kompetenz zielt auf Interaktionen (z.B. Kommunikationsfähigkeit oder die Fähigkeit, konstruktiv zu kritisieren); personale Kompetenz zielt auf die eigene Person (z.B. Selbstreflexivität oder die Fähigkeit, mit der Kritik anderer angemessen umgehen und daraus lernen zu können).

Erläuterungen zu den Anforderungen

„Qualifikationen und Kompetenzen" stellen die Ressourcen dar, die die Lehrenden mitbringen. Qualifikationen sind formal nachweisbare, fachbezogene Kenntnisse und Fähigkeiten. Kompetenzen sind Ausdruck praktischen Könnens, der Handlungsfähigkeiten, Stärken und Potenziale, über die der Einzelne real verfügt, ggf. auch außerhalb formaler Qualifikationen.

„Fortbildung und Information der Lehrenden ist konzeptionell sichergestellt." Fortbildung ist hier in einem weit gefassten Sinn zu verstehen. Sie könnte z.B. auch als kollegialer Erfahrungsaustausch gestaltet sein.

Qualitätsbereich 8:
Infrastruktur
Die Infrastruktur umfasst die räumlichen, materialen und medialen Bedingungen des unmittelbaren Lernkontextes. Die infrastrukturellen Anforderungen leiten sich aus der Konzeption ab.

Spezifikationen	Anforderungen
Lernort(e) und Ausstattung(en) Themen-, Methoden- und Zielgruppenangemessenheit Lernmaterialien Medien, Maschinen, Werkzeuge	Kriterien für die Qualität von Lernort(en) und Ausstattung(en) sind definiert. Der Bildungsanbieter überprüft Lernort(e) und Ausstattung(en) regelmäßig anhand dieser Kriterien. Der Bildungsanbieter zeigt auf, welche Konsequenzen aus der Überprüfung ggf. gezogen wurden. Die Einsatzfähigkeit und Verfügbarkeit von Medien und Lernmaterial ist sichergestellt. Eine Begründung der infrastrukturellen Bedingungen in Bezug auf die Definition gelungenen Lernens und das Selbstverständnis des Anbieters liegt vor.

Begründung für den Qualitätsbereich

Das Lernumfeld ist eine wichtige Strukturbedingung für den Lernprozess. Die räumlichen, zeitlichen, ausstattungstechnischen, materialen und medialen Bedingungen des Lernens können den Lernprozess befördern oder behindern. Die Räume und ihre infrastrukturelle Ausstattungen sind nicht nur Kontext, sondern Medium und Mittel des Lernens. Wenn die infrastrukturellen Bedingungen an den Erfordernissen des Lernens orientiert gestaltet sind, können sie Sicherheit und Orientierung schaffen, anregend sein und Konzentration ermöglichen, Motivation schaffen und Kreativität freisetzen. Die **Infrastruktur** bildet somit in materialisierter Hinsicht den Ermöglichungsraum des Lernens. Die Gestaltung von Lernorten und Ausstattungen bestimmt die Lernatmosphäre, die für den Lernenden sinnlich erfahrbar ist. Über die Wahrnehmung der Räumlichkeiten, des Lichtes, der Belüftung, der Möblierung bis hin zur inhaltlichen und graphischen Gestaltung der Lernmaterialien spüren Lernende, wenn auch nicht immer bewusst, ob die Umgebung sie beim Lernen unterstützt oder behindert, ob die Räume ihnen die Wertschätzung des Bildungsanbieters signalisieren oder Desinteresse.

Erläuterungen zu den Spezifikationen

„**Themen-, Methoden- und Zielgruppenangemessenheit**" sind wichtige Aspekte für die Formulierung von Kriterien für Lernorte und Ausstattungen

Erläuterungen zu den Anforderungen

„**Verfügbarkeit der Medien**" bedeutet Vorhandensein und konkrete Zugänglichkeit.

„**Einsatzfähigkeit der Medien**" meint die Funktionstüchtigkeit der Medien, d.h. es wird überprüft und sichergestellt, dass sie funktionieren.

Qualitätsbereich 9:
Evaluation
Evaluation bedeutet, die durchgeführte Bildungsarbeit mit geeigneten Instrumenten zu überprüfen und zu bewerten. Maßstabbildend zur Bewertung sind der Lernerfolg, die Zufriedenheit der Teilnehmenden und ggf. der Auftraggeber sowie ggf. die Realisierung des eigenen institutionellen Anspruchs. Auch die Einschätzung der Lehrenden sollte Teil der Evaluation sein.

Spezifikationen	Anforderungen
Zielerreichung, Erfolgsindikatoren Prozessevaluation und Ergebnisevaluation kontinuierliche Reflexion von Lernprozess und Lernerfolg während der Bildungs-veranstaltung Erhebung der Entwicklungsstände der Lernenden und Ziehen entsprechender Konsequenzen Anpassungen der Konzeption an aktuelle Bedingungen und an Lernziele der Teilnehmenden Rückmeldungen der Lernenden Rückmeldungen der Lehrenden Rückmeldungen der Kundenorganisa-tionen/Auftraggeber Fragebögen, Beobachtungen, Interviews, Lerntagebuch, Gruppendiskussionen, Erfolgsdimensionen: Lernerfolg, Transfererfolg, Zufriedenheits-erfolg, Legitimationserfolg	Ein Konzept für die kontinuierliche Reflexion der Lernprozesse und Lernerfolge während der Bildungsveranstaltung und für das Ziehen von Konsequenzen liegt vor. Ein Konzept für die Ergebnisevaluation am Ende der Bildungsveranstaltung und das Ziehen von Konsequenzen liegt vor. Erfolgsdimensionen, Methoden und Umfang sind für Prozess- und Ergebnisevaluation beschrieben und in Bezug auf die Zielgruppe und die inhaltliche Konzeption begründet. Eine Begründung der Evaluationsverfahren in Bezug das Selbstverständnis des Anbieters und die Definition gelungenen Lernens liegt vor.

Begründung für den Qualitätsbereich

Für die **Evaluation** der Bildungsveranstaltung wird vorab ein Konzept erstellt, in dem Verfahren zur Bewertung von Lernprozessen und Ergebnissen beschrieben und begründet sind. Dabei lassen sich Prozess- und Ergebnisevaluation unterscheiden. Bei der Prozessevaluation handelt es sich um ein veranstaltungsbegleitendes Vorgehen, bei dem eine direkte Rückkopplung der Ergebnisse stattfindet. So kann auf aktuelle Lernschwierigkeiten im Verlauf des jeweiligen Lehr-Lern-Prozesses reagiert werden und ggf. ist eine Nachsteuerung direkt möglich. Die Reflexion des Lernens ist wichtiger Bestandteil des Lernprozesses. Insofern haben Methoden der Prozessevaluation auch methodisch-didaktische Bedeutung. Die Ergebnisevaluation konzentriert sich auf die Erfolgskontrolle am Ende der Veranstaltung. Sie dient damit zum einen der Legitimation der Bildungsveranstaltung, zum anderen als Grundlage für eine kontinuierliche Verbesserung der Konzeption.
Neben der Evaluation der Lernerfolge können die ressourcenbezogenen Rahmenbedingungen evaluiert werden. Hier kann die Sichtweise aller an der Bildungsveranstaltung Beteiligten erhoben werden, um Hinweise für die Verbesserung der Qualität des Lernkontextes zu erhalten. Auch Anregungen und Beschwerden, die im Rahmen der Kundenkommunikation vor oder während der Bildungsveranstaltung erhoben wurden, können in die Evaluation einfließen.

Erläuterungen zu den Spezifikationen

„**Erfolgsdimensionen**": Generell wird ein Entwicklungs- bzw. Lernprozess durch eine Unterscheidung bewertet. Dies kann entweder durch den Vergleich vorher/nachher oder als Annäherung an einen definierten Endzustand geschehen. Die Erfolgsdimenision „**Lernerfolg**" beschreibt die Veränderung der fachlichen, sozialen, personalen (inklusive lernstrategischen) Handlungsmöglichkeiten im Vergleich vor und nach dem Lehr-Lern-Prozess. Wenn man eine Bildungsveranstaltung als Lernschleife betrachtet, kann man zunächst überprüfen, inwieweit die zu Beginn der Veranstaltung formulierten Ziele im Verlauf oder am Ende der Veranstaltung erreicht wurden. Damit bleibt die Evaluation von Lernerfolg auf das System der Bildungsveranstaltung bezogen. Indem die Frage nach der Anwendung des Gelernten außerhalb der Lehr-/Lernsituation – im Lebens- oder Arbeitskontext – in den Blick genommen wird, wird die Relevanz des Lernerfolgs erkennbar: „**Transfererfolge**" zeigen sich an der Anwendung und nachhaltigen Verfügbarkeit des Gelernten. Die Frage nach Transfererfolgen stellt Lernerfolge in Bezug zur Umwelt. Bei betrieblicher Weiterbildung kann der Transfererfolg am Erfolg des beruflichen Handelns bzw. an der Zielerreichung des Unternehmens bemessen werden. Mit dem „**Zufriedenheitserfolg**" wird die Zufriedenheit der Teilnehmenden in jeweils für sie relevanten Aspekten erfasst. Zufriedenheit kann auch durch Zustimmung, Akzeptanz oder Wohlfühlbekundungen der Teilnehmenden, den Besuch von Folgeveranstaltungen oder die Weiterempfehlung an Andere zum Ausdruck kommen. Beim „**Legitimationserfolg**" geht es um die Zufriedenheit des Auftraggebers. Auf diese Weise wird das Bildungsangebot gegenüber dem Auftraggeber legitimiert.

Qualitätsbereich 10:
Finanzielle Planung / Controlling
Um die Effektivität und Effizienz in der Konzeption und Durchführung der Bildungsveranstaltung zu analysieren und zu steuern, werden Kennziffern und Kennzahlen sowie qualitative Erfolgsindikatoren definiert, begründet und ermittelt. Auf dieser Basis können begründet Entscheidungen getroffen und Konsequenzen gezogen werden. Das Controlling beinhaltet die Finanzplanung, aber auch andere Indikatoren, die Hinweise in Bezug auf den wirtschaftlichen Erfolg der Bildungsveranstaltung liefern.

Spezifikationen	Anforderungen
Einnahmen, Ausgaben Kostenrechnung Deckungsbeitragsrechnung Kennzahlen, Kennziffern, qualitative Erfolgsindikatoren Fördermittel wirtschaftliche Nachhaltigkeit	Die Bildungsveranstaltung ist unter wirtschaftlichen Gesichtspunkten finanziell geplant. Die Einhaltung des Finanzplans wird regelmäßig überprüft. Kennziffern, Kennzahlen und qualitative Erfolgsindikatoren sind definiert und begründet. Sie werden regelmäßig erhoben und bewertet. Konsequenzen werden gezogen.

Begründung für den Qualitätsbereich

Durch das **Controlling** wird die Effektivität und Effizienz der Leistungserbringung analysiert und begründet. Auf dieser Basis können gezielte Steuerungsentscheidungen getroffen werden.

Zur **finanziellen Planung** der Bildungsveranstaltung wird berechnet, welche Kosten für Arbeitszeiten im Rahmen der pädagogischen und verwaltungsbezogenen Aufgaben, für die Nutzung von Arbeitsräumen, für Material, Medien, Serviceleistungen etc. entstehen. Außerdem wird geklärt, welche Einnahmen durch Teilnahmegebühren oder die Finanzierung durch eine Kundenorganisation zu erwarten sind. Auf dieser Grundlage kann eine Deckungsbeitragsrechnung vorgenommen werden bzw. es kann die Mindestanzahl der Teilnehmenden ermittelt werden, die benötigt werden, um den finanziellen Aufwand durch Teilnahmebeträge abzudecken.

Durch die finanzielle Planung der Bildungsveranstaltung wird sichergestellt, dass die Bildungsveranstaltung auch in der geplanten und zugesagten Form durchgeführt werden kann. Wirtschaftliches Handeln sichert darüber hinaus, dass die Bildungsveranstaltung langfristig bzw. wiederholt angeboten werden kann.

Erläuterungen zu den Anforderungen

Während „**Kennziffern**" isolierte Angaben machen (z.B. Anzahl der Unterrichtsstunden oder Anzahl der Teilnehmenden) sind „**Kennzahlen**" Beziehungszahlen, bei denen zwei Größen miteinander in ein Verhältnis gesetzt werden (z.B. Betreuungsschlüssel Teilnehmer/Dozent, Umsatz pro Jahr im Vergleich zum Vorjahr, Entwicklung der Anzahl der Teilnehmenden im Jahresvergleich).

„**Qualitative Erfolgsindikatoren**" sind inhaltliche, aus den Aufgaben, Zielen und dem Selbstverständnis erwachsene Indikatoren für die Leistung im Rahmen der Bildungsveranstaltung. Die Frage ist hier: Mit welchen Merkmalen und Kriterien wird der Leistungserfolg am besten erfasst und bewertet? Qualitative Erfolgsindikatoren können nicht immer objektiv begründet sein; es muss aber darüber ein Konsens zwischen den Beteiligten bestehen. Qualitative Erfolgsindikatoren können z.B. positive Presseberichte, eine regionale Bekanntheit oder die Weiterempfehlung der Bildungsveranstaltung durch Kunden sein, die den »Wert« des Bildungsangebots in der Außenwahrnehmung erhöhen. Welche Kennwerte und Erfolgsindikatoren jeweils als relevant angesehen werden, hängt z.B. vom Kontext, den Zielen, der Situation des Bildungsanbieters bzw. der Veranstaltung ab.

© ArtSet® GmbH ◆ Ferdinand-Wallbrecht-Str. 17 ◆ 30163 Hannover ◆ www.artset-lqb.de